Encontro de Jovens com Cristo

Paulo Braga

Encontro de Jovens com Cristo

MADRAS

© 2002, Madras Editora Ltda.

Supervisão Editorial e Coordenação Geral:
Wagner Veneziani Costa

Produção e Capa:
Equipe Técnica Madras

Ilustração da Capa:
Equipe Técnica Madras

Digitação:
Adriane Schirmer

Revisão:
Rita Sorrocha
Sandra Garcia Cortes

ISBN: 85-7374-503-7

Proibida a reprodução total ou parcial desta obra, de qualquer forma ou por qualquer meio eletrônico, mecânico, inclusive por meio de processos xerográficos, sem permissão expressa do editor (Lei nº 9.610, de 19.02.98).

Todos os direitos desta edição reservados pela

MADRAS EDITORA LTDA.
Rua Paulo Gonçalves, 88 — Santana
02403-020 — São Paulo — SP
Caixa Postal 12299 — CEP 02013-970 — SP
Tel.: (011) 6959.1127 — Fax: (011) 6959.3090
http://www.madras.com.br

"Se em você houver luz e você deixar abertas as janelas de sua alma, por meio da alegria, todos os que passarem pela estrada em trevas serão iluminados por sua luz."

Diálogo com a Juventude

Índice

INTRODUÇÃO 9
APRESENTAÇÃO 13
EXPERIÊNCIAS NA VIDA 15
JOVEM REVIVER 20
O PRIMEIRO ENCONTRO 23
   1997 23
   Meu Grupo de Jovens 28
OS ENCONTROS 30
   Orientações Gerais e Finalidades 30
   Como Organizar o Encontro de Jovens com Cristo 31
   Onde Realizar o Encontro de Jovens com Cristo 32
   Direção do Encontro de Jovens com Cristo 35
   O Espírito do Encontro com Cristo 38
   Encontros I 41
   Encontros II 47
REBELIÃO COM CRISTO 49
   As Primeiras Horas da Rebelião 50
   Separando Homens e Mulheres 51
   Horas de Terror 52
   A Revelação 53
SANTA RITA DE CÁSSIA 58
   Lágrimas de Sangue 59
MEMÓRIAS 63
   Rasgando o Documento 63
   1993 63

Drogas, Nunca Mais 65
1996 65
Paulo Roberto 66
1992 66
Que Assim Seja! 68
1991 68
Vaias para Nós 69
1997 69
Injeção de Ânimo 70
Pensamentos do Autor 73
Geração Adúltera 78
HISTÓRIAS PARA REFLETIR 81
Um é Pouco, Dois é Bom e Três é Demais 81
Nos Braços de Jesus 84
O Fusca 66 87
Meu Pai Viciado 94
Fascinação por uma Saudade 96
Laços Eternos 100
Viagem 107
1999 107
Caminhos 109
O Tempo Passa 116
Jesus e o Amor/O Amor e Jesus 116
SAUDADES DO ENCONTRO DE JOVENS COM CRISTO 119
Residência da Família do EJC 119
Sala da Saudade 121
Sala da Santa Família 123
Sala da Coragem 126
Sala da Alegria 132
Sala das **Lembranças** 135
Sala da Caridade 137
Sala da Galera 139
Sala da Tristeza 145
Mistério 146
Homenagem em Família 147
FIM 150

Introdução

A expressão "Encontro Jovem" identifica tempos novos de Espiritualidade ou alguns movimentos de juventude. Com certeza, posso dizer que enumerar o total desses Encontros de Jovens torna-se praticamente impossível, em virtude de eventos que ocorrem semanalmente em todo o país.

Essas reuniões são realizadas por membros da Igreja, geralmente leigos, que têm o propósito de cuidar da juventude, que está prestes a ter sua iniciação na fé. Assim, são utilizados alguns interessantes métodos de orientação vivencial, por meio de palestras, reflexões, liturgias, recreação, músicas e mensagens.

Em nosso ver, a quantidade equilibrada desses métodos torna os Encontros extremamente importantes e verdadeiros. No entanto, a falta de preparo espiritual de alguns dirigentes desses movimentos pode ocasionar um efeito contrário e prejudicial à fé juvenil.

O Encontro, que hoje acompanhamos, além da iniciação à fé e de fazer uma revisão de vida, tem como objetivo analisar o comportamento da pessoa, inicialmente dentro do grupo de jovens, passando pela participação na comunidade paroquial, pela família junto à sociedade. Este é o grande intuito dos Encontros de Jovens na atualidade.

Para organizar um evento dessa natureza é preciso ter em mente que, além do Amor por esse movimento, é necessário perceber as diferenças das idades dessa juventude e também vivenciar os problemas da comunidade local, o que nem sempre acontece. É comum ver que os jovens preferem reuniões em locais mais distantes de sua residência, por causa de uma metodologia melhor, uma apresentação mais objetiva sem perder a alegria e a descontração. Alguns dirigentes optam por separação por faixas etárias, enquanto outros não consideram isso prudente. Essa posição deve ser adotada de acordo com os métodos que se utilizam. É necessário que haja uma linha de equilíbrio, ou seja, uma divisão que atenda aos objetivos que se pretendem, quando da realização da reunião de montagem.

Os Encontros de Jovens conseguem motivar, e muito, a perseverança na fé e a retomada da direção de vida. Mas, com a falta de recursos e de criatividade, pudemos detectar em alguns desses Encontros a falta de continuidade desse trabalho.

Não se pode, porém, negar que reuniões como essas são um instrumento dos mais importantes de ajuda e de recuperação de jovens que, nos dias de hoje, devido à violência que os cerca, acabam ingressando com facilidade no caminho das drogas.

Por essas razões, mesmo que apresentem falhas, os Encontros de Jovens são, e continuarão a ser, oportunos e válidos. E é muito melhor corrigi-los do que subestimá-los.

Por favor, não queiram os leitores descobrir, em meu livro, algo definitivo sobre esse assunto. Até porque existem pessoas (leigos) que podem traduzir o que é esse movimento com mais conteúdo e segurança.

Digo que nasci em março de 1977, quando participei e conheci o Encontro de Jovens com Cristo. Naquele mesmo ano, tive o privilégio de participar do Grupo de Jovens Unicrisma, da Paróquia São José, do bairro do Mandaqui. E já em 1980, comecei, por intermédio dos trabalhos desenvolvidos naquela paróquia, a caminhar em busca de uma identidade, e, incentivado pelo dirigente espiritual, descobri o talento da palavra.

O que verdadeiramente pretendo com este livro é nada mais do que, pela primeira vez, escrever sobre algo que é e tem sido tão importante na vida de muitos jovens. Sei que minha experiência junto a esse Encontro é marcada por erros e acertos, mas tive a oportunidade, que é rara, de me engajar como líder leigo na Igreja quando mais jovem e não desanimei.

Esta obra vai relacionar vários episódios do verdadeiro Encontro de Jovens, e espero que muitas pessoas descubram que é preciso comprometer-se. Comprometer-se com sua participação na fé, na humildade, na alegria e na verdade, que são características desse movimento.

Espero que o meu objetivo seja alcançado, pois procuro, acima de tudo, brindar a existência pura dos muitos amigos que amam esse movimento e que renovam, a cada dia, o lema de "servir e não ser servido".

Apresentação

São decorridos quase 30 anos desde que o 1º Encontro de Jovens com Cristo foi realizado.

Nesse tempo, pouco ou quase nada foi escrito sobre ele, em virtude do receio de criar uma estrutura ou profissionalizá-lo. No Encontro, a palavra de orientação é dita e meditada. O importante é a vivência e o testemunho pessoal das experiências em cada reunião. Refletir, fazer por acreditar, transmitir o que se viveu.

Os Encontros de Jovens com Cristo foram ocorrendo e nascendo em todas as regiões do país, unindo as famílias, orientando esses jovens a servir e a ajudar as paróquias.

Nessas aberturas de novos núcleos, pude perceber em diversos bairros da Grande São Paulo a necessidade de preservar a união, esclarecer o sentido e enviar o Espírito. Nisso não faltou a colaboração e a experiência daqueles que, com amor e dedicação, auxiliaram-me quando solicitado a montar um novo Encontro.

Assim, procuraremos aqui transcrever algumas mensagens para, humildemente, servirem de orientação aos dirigentes e jovens encontristas de como servir e não ser servido.

Uma coletânea da história, montagem dos Encontros de Jovens com Cristo, é agora colocada e ficará à disposição das equipes de trabalho e dirigentes espirituais dos diversos núcleos e recomendando a sua meditação e aplicação de acordo com a realidade de cada setor, respeitando, acima de tudo, a criatividade e a iniciativa.

Não tenho a intenção de que o que está escrito pretenda cobrir todos os aspectos dos Encontros de Jovens com Cristo. Servirão, todavia, como fonte de consulta, recordação e confirmação dos que amam o trabalho com Jovens no Espírito do EJC.

Experiências na Vida

O ano de 1977 foi marcante em minha vida. Primeiro porque tive, pela insistência dos meus pais, a possibilidade de conhecer Jesus em minha participação no Encontro de Jovens com Cristo, que foi realizado na Paróquia São José do Mandaqui, São Paulo. Naquela mesma data, iniciei minha participação no grupo de jovens daquela paróquia chamada Unicrisma, da qual muito me orgulho e onde pude sentir fortes emoções. Confesso que não esperava viver momentos como os que em minha memória ficaram registrados. Nos meus 19 anos de vida acreditava ser um bom filho, um bom rapaz... achava muita coisa a meu próprio respeito, mas que, na verdade, as experiências provaram o contrário. É claro que eu possuía muitas qualidades: não fumava e nunca tinha usado drogas, comportamento que era fruto da educação básica dada por meus pais. Mas percebi que tudo isso não era muito perto do mundo que vim a conhecer.

Participando daquele grupo de jovens, descobri o valor de ser voluntário, de ser caridoso, e a importância da amizade, lealdade, sinceridade...

Fazer parte daquela turma não significava ser careta, e, sim, esperto, porque ali estava a verdade. O caminhar ao lado de Jesus, por meio das experiências vividas com aquele grupo, mostrara a certeza do caminho do Bem e, acima de tudo, não desanimar com os obstáculos que sempre aparecem para quem fala ou faz algo em nome de Cristo.

Olhava em tudo e sempre encontrava a presença de Jesus cada vez mais forte em minha vida. Assim, descobri que deveria colocá-Lo como uma seta sinalizadora, apontando o rumo certo a cada instante.

Todos os dias, eu vivia uma nova experiência com aqueles novos amigos. Fundamentalmente, a parte litúrgica do grupo mostrava-nos o caminho a seguir. Animados com o nosso orientador espiritual, Padre Guilherme, o grupo Unicrisma, começou a desenvolver trabalhos firmados no lema: "Servir e não ser servido". Visitamos orfanatos, nos quais pudemos passar várias tardes brincando com crianças, que, em sua maioria, foram abandonadas pelos pais. Eram brincadeiras, passatempos, passeios, teatrinho, tudo para ver o sorriso estampado naqueles olhinhos. Na verdade, eu estava descobrindo também a importância de ter meus pais, de imaginar que não fui abandonado por eles e, ao mesmo tempo, reconhecer, a cada dia, seus sacrifícios na criação de três filhos.

Visitamos hospitais, em que o grupo Unicrisma levava o carinho, a alegria e, acima de tudo, a esperança da cura para as pessoas que ali se encontravam enfermas.

Os médicos colocavam em um saguão do hospital aqueles doentes, e o nosso trabalho voluntário era diverti-los com muita música, brincadeiras e o mais importante: sorrir, olhando nos olhos deles. Em nossa despedida, os médicos falavam sobre a importância de nossa presença. Um poderoso efeito, que fazia aqueles doentes acreditarem na cura, perseverando no tratamento.

Nos trabalhos com os mais idosos, a emoção não era diferente. Ver aqueles senhores e senhoras abandonados no asilo pelas famílias, e ouvir as histórias que eles eram capazes de contar sobre as suas experiências de vida, era de contagiar qualquer um. Por várias vezes, as lágrimas vieram aos nossos olhos.

Chegamos a participar de trabalhos voluntários, dentro de penitenciárias, movimentando a parte cultural daqueles grupos por meio de teatro e de muita música. Naquela época, a juventude não estava tão violenta, e não víamos, como ocorre nos dias de hoje, uma cadeia repleta de jovens. Creio que, como essas atividades continuam ocorrendo, haverá muito mais surpresas para os jovens que hoje entram nos presídios e lá encontram outros com a mesma idade, completamente desesperados, abandonados, expostos a tudo e a todas as humilhações, sem perspectiva de um futuro melhor. Esses jovens, que foram enganados pelos apelos do consumo e que não perceberam o perigo que corriam, caíram na armadilha de desejar ter aquilo que é anunciado nos comerciais de TV, sem condições financeiras para tal.

Quantos momentos eu poderia citar aqui como os melhores de minha vida, sempre ao lado daqueles jovens que me marcaram para sempre!

Foram retiros espirituais inesquecíveis e enriquecedores; tapetes de rua, que marcaram as festas de nossa paróquia; pessoas que, aos domingos, em nosso salão paroquial, ministravam palestras sobre assuntos dos mais empolgantes; pedágios nos faróis das avenidas, buscando contribuições em prol de alguém necessitado; cestas de Natal para os pobres da região; arrecadação de alimentos em festas e bingos para ajudar as famílias mais carentes; quermesse, cuja arrecadação visava à manutenção da própria paróquia, e muitos outros eventos, nos quais a mão-de-obra jovem, bem como sua animação, tornara-se tão necessária dentro da Igreja. E, mesmo assim, algumas pessoas, que ocupam "cargos" importantes em algumas paróquias, dizem não perceber a importância desses jovens, até porque eles não contribuem com o dízimo como os adultos.

O fato é que, nos dias de hoje, depois de quase 23 anos, a freqüência dos jovens dentro das igrejas tem aumentado, até mesmo porque o número de encontros tem crescido.

Ainda naquele ano de 1977, participei de um concurso público para a carreira de Agente Penitenciário. Fui aprovado e assumi o meu cargo, na mesma época em que ingressei no grupo de jovens.

Confesso que o meu trabalho na Penitenciária do Carandiru foi marcado pelo medo e pelas experiências de um mundo completamente diferente do que eu começava a viver, que era o meu grupo de jovens naquela paróquia.

Eu passava a semana trabalhando no presídio, escoltando presos, abrindo celas e com o pensamento no fim de semana, quando eu aliviaria minha tensão ao lado dos amigos do grupo Unicrisma.

Fui subindo degrau por degrau em minha carreira dentro do presídio, conquistei, com o meu trabalho, o cargo de Encarregado de Setor, depois Chefe de Seção e, finalmente, Diretor. Mas sei que foi muito importante a contribuição da experiência adquirida na Igreja para conquistar, com humildade, honestidade e lealdade, o meu espaço na Penitenciária.

Portanto, naquele mesmo ano conheci o lado do bem, por intermédio da caridade e do amor ao próximo, bem como o lado do mal, pela convivência com assaltantes e assassinos perigosos.

Fui descobrindo aos poucos, comparando os dois lados completamente opostos, a minha opção de vida, e que aqueles presos também eram seres humanos, portanto eu deveria respeitá-los para também obter o respeito.

Não quero levantar polêmica sobre esse assunto, mas as pessoas que se dizem religiosas e que, ao mesmo tempo, desejam a morte desses presos têm de pensar primeiro no que Jesus disse a respeito do perdão, depois se lembrar do gesto do Papa João Paulo II, quando do episódio em que escapou de ser morto e, algum tempo depois, encontrou-se com o criminoso, mostrando ao mundo seu perdão a ele.

Então, eu aprendi e nunca me arrependerei de poder realizar obras sociais dentro dos presídios, visando sempre contribuir no processo de ressocialização.

Foram projetos esportivos, culturais e religiosos, como o maior casamento coletivo dentro de uma prisão, realizado no ano de 2000, na Casa de Detenção de São Paulo, onde mais de 120 presos tiveram a oportunidade de dar um passo para a sua ressocialização, dando "seu nome" para sua esposa e filhos, constituindo de forma oficial uma família. Quero lembrar que família é justamente o que muitos dos condenados nunca tiveram, e, por isso, a importância de um casamento.

Quero que se faça notar que eu não mencionei a palavra "reeducando", que os magistrados tanto usam para referenciar um preso, até porque é um termo muito ameno e não condiz com a verdade, pois a palavra reeducando deve ser usada para quem um dia já foi educado. Os presos, em sua maioria, não tiveram o apoio de uma família e estão recebendo, dentro do presídio, a educação pela primeira vez. Chamo a atenção dos leitores para que, ao lerem este trecho, olhem o calendário mais próximo. "Estou escrevendo este livro no início de 2001" e quero dizer que de cada 60 presos condenados, que hoje entram nos presídios, quase 25 deles têm entre 19 e 23 anos. E essa é a maior faixa etária encontrada em todos dos atuais 104 presídios do Estado. Quero lembrar, ao apontar esses dados, que devemos nesse princípio de novo milênio procurar novos caminhos em comum com a família no combate a essa situação perigosa que nossos jovens terão pela frente.

"As experiências podem transformar nossas vidas, mas é sempre você o responsável pelo caminho que achar melhor."

Jovem Reviver

"É difícil imaginar, nos dias atuais, convivermos com os Encontros de Jovens, sem que haja a perspectiva de uma continuidade da obra realizada."

É de se imaginar que os dirigentes que preparam nas suas reuniões a realização de um novo Encontro saibam da grande responsabilidade que é assumir por praticamente um fim de semana os filhos de outras pessoas.

Além da característica principal que é o despertar na fé, algo de importante, no contexto de uma renovação de vida, também faz parte dos planos de mensagens. E é exatamente aí que podemos correr algum risco, pois ao despertar o jovem para a possibilidade dessa renovação, é aberta a ele a oportunidade de uma solicitação de ajuda, de um pedido de socorro.

Esse pedido pode ser exclusivamente para ele ou para membros de sua família. Pude perceber, ao longo desses anos, que a maioria desses encontros não está preparada para atender a algumas solicitações mínimas que sejam. Os pedidos de ajuda, nos quais seja necessária uma internação, ou um tratamento, bem como uma simples consulta técnica, são praticamente impossíveis de atender nos dias atuais.

Nesse sentido é que posso abordar esse assunto, que é extremamente sério, pois envolve a credibilidade do movimento, bem como a satisfação dos dirigentes de saber que se faz algo além do que foi previsto em termos de ajuda e recuperação da pessoa.

Quando realizamos um Encontro de Jovens, não buscamos relacionar apenas os jovens que nos interessam e, sim, todos aqueles que por uma ficha preenchida pelos pais ou amigos sentiram a necessidade da busca de uma nova realidade de vida. Portanto, ao realizar um Encontro de Jovens, buscamos orientar os que realmente precisam. Para os que já estejam bem encaminhados é necessária a confirmação da fé e da perseverança no caminho do bem.

A continuidade dessas reuniões está exatamente na possibilidade de podermos assumir um compromisso voluntário de ajuda aos mais necessitados. A continuidade não é só permanência de alguns na Igreja, por meio da sua participação no grupo de juventude da paróquia.

Devemos nos doar um pouco mais além do que temos feito e acreditar que seria ótimo atender o maior número de jovens possível.

Olhe para a violência que, nesse início de milênio, continua a nos assustar e perceba como ela cresceu com a participação de uma juventude sem oportunidades. Temos de mudar esse quadro, investindo em ideais que possam vir a somar com a realização do Encontro. O "Jovem Reviver" nada mais é do que a união desses núcleos por meio de uma central de atendimento. Em São Paulo, todos os Encontros estão interligados em sua continuidade, pelo projeto "Jovem Reviver".

Os mais diversos profissionais liberais atendem gratuitamente e prestam serviço voluntário dando continuidade aos encaminhamentos solicitados pelos dirigentes. São assistentes sociais, psicólogos, advogados, médicos, dentistas e outros tantos que, na verdade, passam pelo nosso Encontro, como pais desses próprios jovens e que poderiam muito bem praticar o trabalho voluntário.

É claro que o mais difícil é conseguir uma sede para a implantação desse "Jovem Reviver", mas devemos acreditar e lutar para que um dia possamos ter esse espaço, para dar aos nossos jovens todo um trabalho de retaguarda e assistência.

Eu quero deixar claro que sou sabedor de que um jovem viciado pelas drogas necessita de tratamento e acompanhamento médico, mas que nunca deixará de ser importante a ajuda espiritual e familiar.

No ano de 2000, arrisquei, em defesa desse ideal, participar da política e por meio dela conseguir ver o sonho do projeto "Jovem reviver" tornar-se uma realidade. Infelizmente, nesta primeira tentativa não foi possível, mas não vou desistir. Quem sabe terei a oportunidade de descobrir outros caminhos. Enquanto isso, a certeza que tenho é a de que nunca vou desistir desse sonho: o sonho da continuidade dos Encontros.

Em campanha eleitoral para vereador em SP, sempre em defesa do EJC.

O Primeiro Encontro

1997

Eu já estava completando dois anos trabalhando na cidade de Franco da Rocha, como Diretor Administrativo da Penitenciária local, e levava quase o mesmo período na Rádio Estação FM, no horário das 20 às 22 horas, apresentando meu programa de competição cultural entre as escolas.

Naquele mesmo ano, o proprietário da emissora incluiu na grade da programação a "Hora da Ave-Maria!", um programa religioso com comentários e notícias da Igreja Católica, produzido pelo padre Jamel, que cuidava de pelo menos quatro paróquias na cidade, sendo a de Nossa Senhora de Fátima do bairro de Vila Ramos sua residência.

Nossa amizade começou naquela rádio, na qual conversávamos a respeito dos trabalhos que eram desenvolvidos por sua Igreja. E, por incrível que pareça, padre Jamel revelou ter como sonho realizar algo pela juventude local.

Sabedor de minha participação nos movimentos para jovens em São Paulo, padre Jamel resolveu lançar um desafio: realizar naquela cidade o primeiro Encontro de Jovens com Cristo.

Não demorei muito para aceitar o compromisso, até porque estava naquela rádio fazendo um programa cultural com jovens das escolas daquela cidade, o que seria de grande contribuição.

Nas várias reuniões entre o padre e eu, visando à realização daquele Encontro, fui descobrindo um pouco mais sobre aquela cidade e percebi as dificuldades que teríamos quanto ao transporte, acomodação e alimentação de todos que fossem participar e trabalhar.

Decidimos que o número máximo de jovens encontristas seria de 100, bem como o mesmo número de pessoas que seriam convidadas a participar das equipes de trabalho. Assim, com esse total de 200 pessoas definidas, só restaria correr atrás das nossas necessidades.

A primeira missão foi conseguir o apoio da rádio local, onde trabalhava, para a divulgação do 1º Encontro de Jovens com Cristo, da cidade de Franco da Rocha, a fim de chamar a atenção da população para ajudar, bem como nas inscrições dos jovens que gostariam de participar. Para isso, decidimos que a data de 18 e 19 de outubro seria a ideal para a sua realização, fazendo com que todo trabalho de divulgação, bem como da nossa luta em conseguir apoio, tivesse uma contagem regressiva iniciada.

Franco da Rocha era conhecida por suas enchentes na época das chuvas e também por algumas chacinas. Então, a impressão que pessoas como eu, morador de São Paulo, tinham da cidade era de ser violenta. Mas confesso que, convivendo diretamente com seus moradores e vivendo seus problemas, soube entender melhor e lutar com eles para mudar aquela imagem.

Aquele Encontro seria fundamental para uma mudança no pensamento dos jovens da cidade, até porque eles não tinham muito com que se divertir nos fins de semana. Em conversas com alguns deles, pudemos perceber a falta de opção da "galera" para se divertir em sua própria cidade. Faltava um cinema, uma lanchonete da moda, uma danceteria, enfim, tudo aquilo que eles eram obrigados a procurar em outra cidade, desde que houvesse condições financeiras para tal.

Como um importante passo, o programa de rádio

Momento de concentração no Programa Pânico nas Escolas. Celso Monteiro pede tempo para a escola responder.

que transmitia ao vivo a competição cultural entre as escolas da cidade passou a ser mais um estimulante para levar até aqueles jovens um Jesus amigo e camarada, por intermédio do Encontro. Era esse o motivo pelo qual pessoas como o padre Jamel, Julio Calegari, entre outros, fizeram de tudo para que o sonho se tornasse realidade.

Convidamos a Comunidade de Jovens da Paróquia de São Pedro, da cidade de Guarulhos/SP, considerada irmã de Franco de Rocha, desde a última grande enchente, quando acolheu os moradores que foram atingidos pela grande tragédia. De imediato, o casal coordenador daquele grupo de Guarulhos, Odair e Cristina, aceitou o convite para ajudar na organização do Encontro, colocando à disposição todos os jovens e alguns artefatos necessários.

Fomos procurar o prefeito em seu gabinete, em companhia do proprietário da Rádio, Celso Monteiro, e ali solicitamos seu envolvimento e participação no projeto, e que nos fosse autorizado usufruir do local escolhido, ou seja, a Escola CEFAM, que seria ideal por seu espaço adequado e por estar próxima ao centro da cidade, o que facilitaria o acesso das pessoas. Tivemos uma enorme surpresa e felicidade quando o Prefeito José Benedito Hernandes anunciou que cederia toda a alimentação necessária em nome da Prefeitura.

Nossa próxima tarefa era tentar obter ajuda da Empresa de Transporte Coletivo Lago Azul, que serve a cidade, para que pudéssemos transportar os jovens e demais integrantes da Comunidade São Pedro de Guarulhos até Franco da Rocha.

A solicitação inicial à Empresa Lago Azul foi de quatro ônibus, que pudessem trazer e conduzir de volta todas aquelas pessoas e mais suas bagagens. A resposta da Empresa foi positiva e, além disso, também colocaram à disposição do Encontro uma linha especial que traria os jovens encontristas para o local e ficaria disponível durante todo o fim de semana, conduzindo pessoas, parentes, amigos e fiéis para participarem da vigília ou apenas visitarem o Encontro.

Por se tratar de uma grande novidade, o padre resolveu fazer um chamamento à população religiosa, nos seus programas na rádio, pedindo que fosse visitar e conhecer o trabalho. Com isso aumentou ainda mais nossa responsabilidade e de todos os que participavam da organização desse trabalho.

Fomos obrigados a retornar ao prefeito da cidade para solicitar dele a liberação do único ginásio de esportes com capacidade acima de 1.500 pessoas para que pudéssemos realizar a Missa de Encerramento do Encontro. O prefeito entendeu a nossa posição e mais uma vez colocou-se à nossa disposição, liberando o ginásio. Com isso, o padre Jamel, sentindo crescer a cada instante a responsabilidade e feliz pelo que estava acontecendo, convidou o bispo da região, D. Bruno, para também participar do evento e juntos celebrarem a missa.

Ao pedirmos o ginásio de esportes da cidade, a intenção era a de acomodar melhor as pessoas, que estariam presentes naquela Santa Missa. Mas, ao visitarmos o ginásio, percebemos que se faria necessário o uso de equipamento de som e da montagem de um palco, que serviria de altar.

Mais uma vez, e com o chapéu na mão, fomos, por meio de indicação, procurar as pessoas que poderiam nos ajudar. Como aconteceu das outras vezes, tudo deu certo, e, em questão de dois ou três dias, conseguimos a montagem do palco e do equipamento de som, com a ajuda de pessoas da cidade vizinha, Caieiras, proprietárias da B&S, um famoso buffet.

Até mesmo a Polícia Militar fez-se presente, destacando policiamento para a porta da escola na qual as pessoas vindas de Guarulhos dormiram. Colaboraram, ainda, com a participação da segurança da Santa Missa, e com a maravilhosa procissão que conduziu a imagem de Nossa Senhora Aparecida e de Nossa Senhora da Conceição, padroeira da cidade, em caminhão do Corpo de Bombeiros. Lembro-me de que até mesmo os batedores do policiamento rodoviário estiveram presentes à procissão, na tarefa de desviar o trânsito local.

Amigos: Celso Monteiro da Rádio Estação e o Prefeito de Franco da Rocha, Roberto Seixas.

O Encontro em si atingiu seus objetivos, pois não faltou nenhum jovem convidado, bem como nenhum palestrante, que fizeram juntos com as demais pessoas presentes uma grande festa para Jesus. Muita espiritualidade era presente. Para cada pessoa que visitava o Encontro, havia a obrigação de participar da vigília e depois conhecer todas as equipes de trabalho.

A Rádio Estação transmitiu ao vivo tudo que acontecia no Encontro, designando o Repórter Cabide para a cobertura. Ele só não pôde revelar o que ocorria na sala de palestra, mas fez um grande trabalho, entrevistando as autoridades que por ali passavam durante os dois dias. Divulgou à população que acontecia algo de novo naquela cidade. E transmitiu ao vivo e na íntegra toda a Santa Missa do Encerramento.

Outro que engrandeceu ainda mais o Encontro foi Eduardo Leite, cantor, possuidor de uma das mais belas vozes da região, cantando "Ave-Maria", na despedida de todos.

A população da cidade compareceu em massa, lotando o ginásio para assistir e participar da Santa Missa, que encerrava o Encontro. Uma grande queima de fogos veio a seguir, fazendo brilhar em nossos olhos a alegria de poder sentir tão forte a presença de Jesus. Chorei, como muitos outros, que contribuíram para que aquele primeiro Encontro de Jovens da Cidade de Franco da Rocha acontecesse.

Inesquecível, é assim que posso dizer sobre tudo o que vi e presenciei. Era a luta e a certeza da presença de Jesus Cristo junto conosco, pois foi por intermédio d'Ele que todas as portas se abriram. Eu que já participei do nascimento de vários Encontros na nossa cidade vizinha, vi como essa grande metrópole, Franco da Rocha, ganhou naquele fim de semana um presente: a paz, a luz e o amor de Jesus Cristo. Um presente que, na verdade, eles sempre tiveram, mas que naquele fim de semana ficou evidente por sua participação e pelas inúmeras orações.

No mesmo ano, fui agraciado pelos membros da Câmara Municipal da Cidade, com o Título de Cidadão Franco-rochense, ou seja, sou hoje e sempre considerado filho da cidade de Franco da Rocha. Sei que foi considerada importante a competição cultural com os jovens alunos das escolas no programa de rádio, mas acredito que foi ainda mais importante a realização do 1º EJC na avaliação dos que concederam o título.

O importante é saber que, nos anos que vieram a seguir, o Encontro continuou.

De 1997 até os dias de hoje, pouco você ouviu falar de enchentes e chacinas, como antes na cidade; algo foi realizado. Os governantes trabalharam para que tudo isso viesse a diminuir. O Batalhão da Polícia Militar foi mais bem equipado naquela região, dando mais segurança à população. Foi canalizado o principal córrego da cidade, que era responsável pelas enchentes.

Vale a pena perguntar: há quanto tempo você não ouve falar em Franco da Rocha?

Sim, as coisas melhoram por lá, mas tenho a certeza de que Deus ajudou muito. Você não acha?

Meu Grupo de Jovens

Os jovens de hoje estão perdidos...

Há algum tempo, meu avô disse essa frase também. Ainda somos capazes de ouvir a mesma frase. Os jovens de hoje estão perdidos, e com eles, diria eu, os adultos também. Até porque não prepararam os jovens de ontem para serem os adultos da atualidade. É fácil proferir essa frase; o difícil é aceitá-la.

Para quem nunca conseguiu ser e nunca quis que outros fossem jovens, pode ser difícil acreditar em nossa mocidade.

Nós que trabalhamos com esses jovens, que nos sentimos jovens, sabemos que esta expressão não existe e não faz sentido. Sabemos dos ideais deles e o que buscam. Muitas dessas aspirações eles devem encontrar no homem adulto, ou seja, nos seus próprios pais, e, quando neles não encontram, saem procurando pelas ruas.

Nessa procura, esses jovens não encontram a verdade num mundo de mentiras.

Deus reservou-me trabalhar entre pessoas humildes. Foi assim que entre gente simples, sem mentiras, encontrei o grupo de jovens, que buscava o mesmo que eu: uma nova razão de vida. E foi assim que tudo começou por meio da oração.

Foi um trabalho tão importante que, um dia, alguém me convidou para dar um testemunho. Hoje essa pessoa é um testemunho vivo de amizade e doação, e graças a Deus seu exemplo continua a ser seguido.

O Primeiro Encontro

Quem ainda hoje não acredita nos jovens, na sua responsabilidade e capacidade de amar, visite um desses grupos, fundados em base sólida: Jesus Cristo.

Esses jovens levam mensagens para os pais, por meio de Encontros e da Comunidade. Esses pais por intermédio de seus filhos descobrem o sentido da Igreja e os acompanham, caminhando para a seta que indica Deus.

Eis a verdade. Nessa nova e eterna Igreja, as pessoas não se sentem perdidas. Cada um de nós tem sua importância, pois cada um dessa Igreja é filho de Deus.

Uma juventude cristã, jovens que valem ouro e que buscam sempre a verdade... e a verdade é Jesus, o Cristo, e Cristo é Deus.

Venha conhecer e participar dessa alegria.

A alegria de ser jovem.

Hemerson
Pq. CECAP — Guarulhos
"A juventude dando exemplo."

Os Encontros

Orientações Gerais e Finalidades

O Encontro de Jovens com Cristo (EJC) é um serviço da Igreja em favor da família. Visa despertar nos jovens a necessidade de uma profunda unidade, de um maior relacionamento entre seus pais, de abertura para outros talentos e especialmente de um crescimento constante na vida. O fim principal do Encontro é levar os jovens à plenitude de uma vida familiar cristã.

A partir da conscientização humana, quando ele passa a inteirar-se do seu real valor, poderá ocorrer provavelmente como conseqüência desse estado de vida a conscientização espiritual.

É certo que a religião cristã é de renovados homens cheios de esperança. E o que nós desejamos é a plena comunhão desses jovens com o Pai e com os homens de Boa Vontade.

Mas não basta acreditar: é preciso realizar.

O Encontro não tem como alvo a recuperação de jovens desajustados, drogados e, muito menos, a conversão imediata dessas pessoas para a nossa fé religiosa. O fim principal é conduzi-los à plenitude de vida familiar cristã.

Vale a pena, na execução dos trabalhos, aliar os modernos meios de comunicação.

O ponto central do Encontro é o contato pessoal, a simplicidade, a disponibilidade e a doação. Sendo importante ressaltar a coerência de vida a ser seguida.

Vamos mostrar exemplos de voluntariado, por nossa vivência, de fraternidade, de paz, de justiça, de superação e principalmente de amor.

O Encontro tem sua dinâmica, mas deve estar fixado na realidade local, deve corresponder às aspirações onde se realiza. Então é preciso criatividade e compromisso de vida vivida.

Vamos transmitir a experiência de Deus na vida da gente e dar vida aos apelos dos jovens de hoje, da Igreja de hoje desse "novo milênio".

Não queremos pessoas letradas... procuramos jovens que buscam a verdade.

O Espírito Santo faz muito mais que nós, não precisamos fazer o papel que é dele... nós somos instrumentos.

"Esqueça os argumentos, pois em nossa vida o mundo quer obras."

Como Organizar o Encontro de Jovens com Cristo

O padre e o conselho paroquial devem querer esse tipo de atividade com a juventude, dentro da mentalidade e problemática locais.

Caso o padre queira esse tipo de movimento em sua paróquia, deverá constituir uma equipe composta de cinco casais (poderá ser formada por jovens). É a equipe de trabalho, cujo mandato será de no mínimo um ano.

Essa equipe de trabalho é a base fundamental do Encontro de Jovens. A ela cabe a responsabilidade da encarnação do Encontro na realidade local e manter o espírito do Encontro na sua totalidade, doação, pobreza, oração, simplicidade, alegria, aproveitamento e engajamento dos jovens encontristas nas atividades da paróquia, do grupo de jovens e da comunidade.

Sua estrutura

Para sua total realização, o Encontro de Jovens com Cristo necessitará da seguinte estrutura no local escolhido:
- Área reservada à recepção de chegada dos encontristas e equipistas;

- Sala para transformação e adequação de capela;
- Sala para realização das palestras e plenário;
- Salas (de 4 a 6) para realização dos círculos de estudo;
- Banheiros (masculino e feminino) em número mínimo adequado para atender à totalidade dos participantes em geral;
- Cozinha, com estrutura semiprofissional para o atendimento às necessidades de alimentação dos participantes;
- Refeitório ou área coberta para melhor acomodação;
- Sala para as equipes de trabalho;
- Sala de pronto-socorro;
- Estacionamento (se possível).

Onde Realizar o Encontro de Jovens com Cristo

Toda paróquia que não possuir estrutura necessária ou suficiente para o melhor atendimento às necessidades da realização do Encontro de Jovens com Cristo pode e deve solicitar os préstimos de escolas, retiros e outros locais adequados.

Palestras

Alguns palestrantes devem ser do local (paróquia, comunidade, bairro), pois vivem a realidade e podem expor com mais propriedade a problemática e as perspectivas de solução.

É também louvável que se façam reuniões nas paróquias com os palestrantes, especialmente os que não vivam a realidade do local.

Revisão

Na revisão do Encontro de Jovens com Cristo, exponho o plano de trabalho e engajamento na pastoral da juventude. Revisão é a reunião na qual os encontristas são chamados a conhecer o trabalho no grupo de jovens e comunidade. Revisão não é desfile de depoimentos.

Perguntas para orientar a reflexão e a revisão

- Temos procurado, em grupo ou individualmente, deixar claros nossos objetivos dentro do Encontro com Cristo?
- Estamos percebendo as dificuldades de nosso trabalho no Encontro, por tudo aquilo que nos cerca nesta sociedade injusta?
- Abrimos as portas do Encontro também aos pobres da região? Como?
- Estamos dando testemunho da simplicidade e da pobreza na realização do Encontro como um acontecimento apenas social?
- Estamos promovendo novas lideranças?
- Temos colaborado para que o Encontro aconteça em outros núcleos? Em outras paróquias e regiões?

Cristo é exigente e pede-nos sempre algo a mais; por isso, procure aumentar sua disponibilidade e doação.

Sempre, durante a preparação do Encontro e no seu decorrer, surgem problemas de ordem técnica ou situações que nos testam nessa hora, fazendo-nos unir ainda mais, rezando e escutando o que o bom Deus quer.

Ponto a ponto

Ponto 1 — O padre/vigário e o conselho devem querer esse tipo de movimento de jovens na sua paróquia para que nela atuem.

Ponto 2 — A equipe de trabalho (o padre e cinco casais) consiste na base fundamental no Encontro de Jovens com Cristo.

Ponto 3 — O Encontro de Jovens com Cristo é um movimento para o jovem que está aí, sem oportunidades, esquecido, adormecido. Visa despertá-lo para viver sua família e abrir-lhe portas concretas de crescimento, caso queira aderir ao Evangelho e à Igreja. O Encontro mostra ao jovem a possibilidade de assumir sua vida e família, podendo ser membro de uma comunidade e agente de salvação.

Ponto 4 — E se o jovem não continuar mais? O importante é que ele sinta que foi amado e possa ter descoberto sua vocação. Assim terá ânimo para vivê-la com mais amor e autenticidade.

Ponto 5 — O Encontro de Jovens com Cristo visa o aprofundamento da mensagem de Cristo: a Igreja, a família, os sacramentos, o pecado, a esperança e a oração.

Ponto 6 — O Encontro de Jovens com Cristo desenvolve o espírito de serviço, de fraternidade e de oração.

Ponto 7 — A continuidade — desenvolver por meio da união dos diversos núcleos dos Encontros de Jovens existentes um projeto, que venha a atender aos proclamas do atendimento social e que possa atingir em cheio o processo de recuperação e de ressocialização do jovem na sociedade e na família. Projeto "Jovem Reviver" (veja texto) é uma necessidade já discutida e aprovada.

Ponto 8 — A paróquia ainda é o núcleo principal e fundamental da evangelização.

Ponto 9 — Nos dias de realização do Encontro, poder-se-á comprometer toda a paróquia num clima de oração e amor fraterno.

Ponto 10 — A freqüência com que deva se realizar os Encontros de Jovens com Cristo depende de cada paróquia (padre e dirigentes) e de suas condições financeiras.

É bom lembrar sempre que o Encontro de Jovens com Cristo visa um melhor relacionamento do jovem (filho) para com seus pais e irmãos (família) e ainda abrir-lhe perspectivas positivas para o relacionamento com a comunidade.

Qual a idade ideal e quem pode fazer o Encontro de Jovens com Cristo

Poderão fazer o EJC os jovens com idade mínima ideal de 15 anos, ficando a critério dos dirigentes a responsabilidade da aceitação de idade inferior bem como a idade superior aos 23 anos. É importante lembrar o equilíbrio que deve haver no momento da separação das fichas de inscrição. Poderão ainda participar do EJC os jovens de qualquer religião, cristã ou não, raça ou cor.

Direção do Encontro de Jovens com Cristo

O Encontro de Jovens com Cristo deve continuar sendo dirigido por:

Direção Espiritual: constituída única e exclusivamente pelo padre da paróquia.

Direção Geral: geralmente é escolhido pelo padre um casal com experiência ou que já tenha participado do Encontro de Casais para:
a) preservar a simplicidade e unidade do EJC;
b) dirimir dúvidas;
c) acolher sugestões, estudá-las e aconselhar;
d) manter contato com seu Dirigente Espiritual, etc.

Coordenação: grupo de trabalho constituído por cinco casais, sendo esta equipe de trabalho ligada diretamente ao EJC, com as seguintes funções:

a) *Montagem* — mantém o registro de opções e indica os equipistas, entre outras.

b) *Fichas* — registra as inscrições e relaciona os jovens para cada Encontro.

c) *Roteiristas* — convida e orienta os palestrantes para cada Encontro, bem como promove juntamente com o Dirigente Espiritual a formação de novos palestrantes.

d) *Finanças* — é o casal responsável pelo caixa do Encontro, bem como do almoxarifado e da arrecadação voluntária e doações.

e) *Compras* — responsável pela aquisição dos alimentos, produtos de higiene pessoal, limpeza, material para os trabalhos de secretaria, etc.

Participantes: para sua melhor integração e aproveitamento, é importante que o número de participantes não ultrapasse a 100, sendo que o número considerado excelente fica entre 60 e 80 jovens por sala.

Palestrantes: cada núcleo, região onde se realize um Encontro de Jovens com Cristo, deve ter um ou dois de seus representantes no quadro de palestrantes, tirados de sua própria comunidade e paróquia, desde que tenham uma mensagem e que vivam esta realidade em sua comunidade.

O Encontro: o roteiro do EJC tem seu período de realização a começar na sexta-feira que antecede o fim de semana do Encontro, com a "Missa de Entrega", da qual todos os equipistas convidados devem participar. (Em alguns casos, o Encontro tem seu início na própria sexta-feira, principalmente nos realizados em forma de "retiro" longe de sua região. Nesses casos, a Missa da Missão é antecipada.) O encerramento do Encontro ocorre no domingo à noite, também na maioria dos casos com a "Missa do Encerramento", que pode vir a ser realizada no próprio local do Encontro, quando este estiver acontecendo em escolas e outros locais independentemente da paróquia e devidamente autorizado pelo padre.

Equipes de trabalho: são estas as equipes necessárias a formar e integrar o EJC:

1. Coordenador Geral: 1 casal;
2. Apresentadores: 1 casal;
3. Boa Vontade: 2 a 4 pessoas;
4. Recepção de palestrantes: 1 casal;
5. Folclore (animação): até 20 pessoas;
6. Compras: até 4 pessoas;
7. Café e minimercado: até 16 pessoas;
8. Ordem e limpeza: até 20 pessoas;
9. Liturgia e vigília: até 16 pessoas;
10. Secretaria: até 14 pessoas;
11. Cozinha: até 22 pessoas;

12. Visitação: até 14 casais;
13. Trânsito: até 16 pessoas;
14. Coordenação dos círculos: até 12 pessoas;
15. Teatro (se houver): até 12 pessoas.

Observações:
1. Toda equipe deverá ter um casal coordenador.
2. O número de pessoas indicadas anteriormente pode variar de acordo com a quantidade de encontristas bem como de espaço a ser realizado. (O total de pessoas indicadas é com base em Encontro com 100 encontristas e espaço compatível.)

Engajamento: é de responsabilidade dos dirigentes do Encontro estudar a melhor forma de dar aos encontristas base de continuidade ao trabalho de engajamento iniciado pelo EJC.

Reencontro ou Revisão: todos os jovens que fizeram o EJC devem ser motivados a fazer o reencontro. Esta Revisão deve se dar em intervalo de no máximo 30 dias, sendo ideal o fim de semana seguinte ao Encontro.

E os Palestrantes?

Mércia (Zito) — V. Ede
"Palestrante, amiga e guerreira."

A vida cristã começa no momento em que a pessoa acredita na palavra e converte-se. O fundamental dessa nova vida é ser. Não é o ter ou o fazer, mas o ser. É fundamental que a pessoa que se converte possa testemunhar a vida nova. Somos apenas um instrumento, quem converte é Deus.

Aonde vamos chegar, depois de tudo isso? As palestras devem ser dadas por alguém que viu o caminho do bem, mudou e se dispõe, em nome de Cristo, a levar uma mensagem de esperança. Devemos espalhar essa alegria, essa esperança, também aos nossos amigos, parentes e conhecidos.

Na hora em que o Encontro de Jovens com Cristo precisar de vedetes ou profissionais de palestras e equipistas para se manter, já terá perdido sua razão de ser. Perdeu a confiança no poder do Espírito Santo. E o pior de tudo é que assim o Encontro terá enveredado pelo espírito do mundo. Perdeu a vida.

Cabe à Equipe de Dirigentes e coordenadores refletir sobre isso, e assim poder recolocar a confiança, o esforço e a fé. Não adianta fazer por fazer. Precisamos rezar juntos e juntos sermos testemunhas de uma nova vida.

O Espírito do Encontro com Cristo

O Encontro de Jovens com Cristo há de ser alegre, pois somos filhos e adeptos de Jesus Cristo ressuscitado. Mesmo assim, a alegria não é festa. Ela é convincente, pois nasce na certeza da vitória do bem.

O Evangelho não é teoria, é vida. Os jovens estão saturados de teses, livros, revistas. O que eles procuram é saber como vocês fazem para se entenderem quando conversam, como se perdoam. Daí entendermos que o Encontro de Jovens com Cristo é doação. Esta é a boa nova "doação".

A equipe de Secretaria preparará as mensagens a mão — os desenhos serão feitos a mão. Não precisaremos das automáticas máquinas modernas. A equipe sentirá o prazer da doação ao pintar os desenhos que enfeitam o Encontro.

A equipe de visitação irá à casa dos jovens encontristas, quantas vezes forem necessárias, para convencer pelo contato pessoal da verdade do convite.

A refeição do Encontro será feita pela equipe da cozinha, na qual juntos participarão em descascar batatas, cebolas, lavar alface, espremer laranjas, todos doando-se com alegria ao próximo. Não procurar fazer o mais fácil, e sim o de maior sentido cristão e humano.

Cada Encontro de Jovens com Cristo deve manter os valores de sua cultural local, de suas particularidades e simplicidade. Por isso é importante que a equipe dos cinco casais coordenadores reflitam nessa realidade.

Acredito que é importante renovar a equipe dos cinco casais pelo menos a cada dois anos. Assim, os que já trabalharam podem assumir outras atividades na comunidade.

Em sua forma normal, o jovem deve dormir em casa. Voltará no(s) próximo(s) dia(s) de encontro se quiser e nisto aparece o dever da equipe de visitação e externa, bem como as demais, de estimular.

A doação é o dinamismo interior. Vamos procurar "cobrar" o mínimo possível em termos financeiros, até porque o trabalho de procurar colaboradores é importante.

Capela e vigília; é o momento da oração que remove montanhas; é o momento do coração. Devemos criar no jovem a vontade e a necessidade de rezar.

Confissão: não se preocupe se o jovem confessa ou deixa de confessar. O mais importante é que ele se encontre, que conheça o amor, que se perdoe, que saiba perdoar. E se depois do Encontro ele se dispor à confissão, será, sem dúvida, mais consciente sua atitude. Não é louvável, no entanto, afastar de vez a figura da Confissão dentro dos Encontros. Pense em como é importante o perdão. Pense em como o jovem se sente ao receber um perdão.

Ter sempre em mente que a única segurança é Deus, e não as riquezas e sabedoria do mundo.

O que se espera do Encontro de Jovens com Cristo: que o jovem diante da bênção divina — Jesus Cristo — se doe também na caridade e na esperança ao próximo, não aguardando recompensa, que dignifique seu lar. E por meio do Espírito Santo valorize e difunda o amor.

Faz-se importante deixar aqui um alerta aos casos urgentes: muitas vezes o desajuste do jovem com a família e em sua vida estudantil e profissional é fruto do vício (álcool, drogas e outros), necessitando tratamento especializado técnico e acompanhado e não somente do Encontro. Esse jovem poderá, sim, no Encontro, buscar a força necessária para lhe dar o ânimo por meio da fé em Jesus e na sua luta contra o mal.

Vida espiritual

É importante que haja interesse em aprofundar a vida espiritual das equipes de trabalho durante o EJC.

Este é um apelo em todos os Encontros: crescer espiritualmente, em favor dos irmãos.

As equipes de trabalho desde a preparação do EJC, bem como durante os dias do Encontro, devem dispor de tempo para reflexão. Como sugestão é admirável a criação da Vigília-Volante, visitando de hora em hora as equipes de trabalho, durante o Encontro.

O Coordenador Geral, escolhido a cada Encontro, deve exigir e participar dessa espiritualidade, sem a qual não haverá razão de ser. Explico: o Coordenador é convidado e assume todo trabalho e responsabilidade do Encontro. Ele é a pessoa-chave, mas quando chega a parte espiritual surge outro para fazer esse trabalho.

Vamos evitar o triunfalismo que não é cristão e não leva a nada. Como Jesus foi simples e pobre, sejam também simples e pobres, no vestir, na secretaria, sala de palestra e menu. O Encontro de Jovens deve ter em seus coordenadores a incumbência de não permitir a elitização, que diferencia as pessoas dentro do mesmo Encontro, dentro do mesmo espaço. Essas aparências podem afastar alguns da realidade local e do objetivo da humildade.

O tempero do encontro: doação, simplicidade, alegria e oração

Doação: é o essencial da vida cristã. É um apelo constante de Cristo a serviço do irmão.

Simplicidade: atitude que nos faz semelhante a uma criança: confiante e verdadeira. É a consciência de nosso valor. Atitude que vai demonstrar no relacionamento com os outros a simplicidade que faz evitar o ridículo e a vulgaridade.

Alegria: que não é festa. É uma alegria espiritual. É a sen-

Cristina
S. Pedro — Guarulhos
"O EJC é sua vida."

sação da paz interior, nascida na certeza da vitória do bem e da comunhão com Deus.

Oração: no Encontro é importante também parar para rezar, uma relação viva e pessoal do homem com Deus e em Jesus Cristo.

Torna-se de grande importância a presença nos Encontros de Jovens com Cristo do Dirigente Espiritual. Com sua presença discreta, é ele que dá todo sentido ao movimento. É aquele que anima as equipes de trabalho e, quando necessário, com bondade e firmeza, sugere pistas de solução.

Se quisermos justiça e respeito à pessoa do jovem e a diminuição da violência e marginalização, devemos lutar por ele.

> "Há defeitos, falhas, limitações... contudo o bem com que se realiza por obra de Deus e a doação de tantos que ficam no anonimato é infinitamente superior às falhas."
>
> (*Pe. Alfonso Pastore*)

Encontros 1

O nascimento de Cristo inaugurou uma nova era: a era de Deus feito gente entre nós. É pela fé no Cristo que realizamos o projeto dessa era que consiste na paz. Esse é o "Sentido da Vida". E é, sem dúvida, a maior bênção que alguém pode desejar no início de uma nova era.

Os dirigentes dos mais diversos Encontros de Jovens e Casais costumam atribuir a si funções acima de suas tarefas, o que fatalmente desvia o sentido das coisas. Mas Jesus mostra-nos o caminho: "Viver, enxergar a verdade e dar a correta interpretação aos fatos, pois é através da fé que podemos enxergar a luz".

Na história de nossa vida existem momentos inesquecíveis. São os momentos dos Encontros que nos conduzem à descoberta de novos valores.

O segredo da vida das pessoas precisa ser descoberto. O caminho: Jesus. O que você procura, sem dúvida Ele tem para oferecer.

O problema da fome, do abandono, da solidão e de tantas outras necessidades humanas está no coração do homem que não acolhe nem vive os ensinamentos de Jesus.

O fruto do palestrante

Sua palestra, seu ensino, é uma ação. No fundo, é Jesus, o alegre anúncio, o verdadeiro conteúdo de Suas palavras.

A novidade é o poder de colocar o homem em contato com Deus.

Compaixão

A compaixão é um sentimento que brota no coração de quem ama. Ela liberta a pessoa de qualquer mal.

É de admirar

Duas novidades que nem sempre gostamos de admitir: perdão e pecado. Você não sente um vazio?

Autenticidade

Quanto mais perdemos a consciência de quem somos, mais longe ficamos da felicidade de nos sentirmos amados.

Remendo novo

Mudar as aparências e permanecer interiormente velho é uma atividade que fatalmente nos destrói.

Incômodos

Às vezes, a liberdade de quem ama incomoda e perturba. Mas o amor como sempre vence qualquer barreira.

Palestrante I

Recebemos tudo de Deus na intimidade com Ele. Isso nos confere uma missão: reconhecer que temos de anunciar por palavras e obras que há um Jesus. Nisso consiste nossa missão.

O Encontro com Cristo I

O Encontro com Cristo muda significativamente a vida de qualquer pessoa. Sem esse Encontro é impossível descobrir a luz da Verdade.

O Encontro com Cristo II

De fato, todo Encontro real com Cristo deixa marcas de luz que mexem com o rumo da vida de cada um.

Ter cuidado e fé

Quantas vezes na vida você gostaria que alguém o ajudasse e, ao mesmo tempo, percebe que ninguém pode resolver esse problema? Então, quase sem querer, você se dirige a alguém que sabe tornar possíveis todas as coisas.

Desejos I

Aquilo que parecia um sonho pode se tornar realidade. O caminho do jovem inteligente é desejar melhorar o mundo, distribuir melhor os bens, eliminar todas as barreiras de raça, fazer reformas e garantir a paz.

Desejos II

Os desejos do jovem cristão, bem como suas vontades e ideais, não são seus únicos objetivos. O jovem cristão sabe que deve repetir em sua vida o que reza a cada dia, ou seja, "assim na Terra como no céu".

Juntos

A felicidade é uma vida para os outros e com os outros.

Ideal

Tudo o que se perde por amor ganha-se em maturidade, em fidelidade, em graça. Um ideal permanece: "Jesus".

Reanimar

Reanime sua fé na certeza de que o ressuscitado é Jesus Crucificado.

Hipocrisia

O grande perigo é a hipocrisia, que pode levar alguém a ignorar suas próprias limitações, colocando em outros culpas e fracassos.

Tentações

Também somos submetidos às tentações. Estamos ameaçados de nos acomodar aos valores deste mundo como dinheiro, poder e assim descuidarmos da verdade, justiça, amor e paz.

Importante

Não basta não pecar, o importante é despertar.

Pessoas

Compreender os outros exige de nós muito mais que simples opiniões. Porque nem sempre somos da verdade, mas, sim, das conveniências, medos, interesses, ignorância de uma visão distorcida com conclusões erradas sobre outros.

Loucura

Há pessoas que são loucas e algumas se fazem assim. Elas são expressão de uma misteriosa maneira de sentir a vida. **Cada pessoa é um mistério**. O mistério que muitos qualificam por aquilo que se pensa em vez de por aquilo que se é.

Abandono

A doença é uma verdadeira pobreza. O doente vive uma situação humilhante. As pessoas afastam-se. O melhor amigo abandona-o. Mas o abandono transforma-se em sábia descoberta de um valor esquecido. Amor da família... de um pai, de uma mãe, de um irmão, pessoas para as quais você faz falta.

Confiança

No amor ao próximo é preciso saber perder. Ao vivermos esse amor, renegamos a nós mesmos.

Ouvir com o coração

Nada existe de verdadeiro em minhas palavras e atitudes, se não encontro eco no seu coração.

Paz

Perdemos nossa paz quando não temos ninguém em quem confiar, ou quando não sabemos para onde ir. O caminho para a paz é a verdade.

Verdade

Se nossa consciência nada nos censura, temos confiança de encontrar o caminho por meio de nossos atos e da verdade.

Amigo

As pessoas amigas precisam cultivar sua amizade.
A amizade engloba lealdade, fidelidade, participação e segurança.
Amizade é a expressão máxima do amor.
Aceite esse amor gratuitamente e corresponda.

Campos Machado
"Além da amizade, a lealdade."

Daniel
"Amigo que confia em nosso propósito."

Maurício Guarnieri
Ex-diretor da Casa de Detenção
"Apoio total ao trabalho social."

Dr. Salgado
"Um amigo na esfera criminal."

Dr. Guilherme
"Amigo, Autor e Diretor da Penitenciária."

Encontros II

Grupos de jovens (comunidade)

Um grupo de jovens que não treina seus membros para procurar atrair aqueles que estão distantes da Igreja ou do bom caminho não está preparado e corre o risco de tornar-se inativo.

A preferência pelos abandonados

Ainda hoje as pessoas contaminadas com o vírus do HIV têm sido vistas como um grupo de rejeitados e abandonados. Devemos mudar nossa atitude com relação a elas, estendendo-lhes nossa mão. Tanto os soropositivos e outros doentes devem ser tocados pela nossa misericórdia. Todos nós, de algum modo, temos enfermidades que precisam ser curadas.

Realidade

Num mundo como o nosso, é preciso acreditar que, mesmo sendo pecadores, todos são nossos irmãos, se quisermos ser coerentes com a Verdade.

A famosa sementinha

É necessário ter coragem e paciência para sempre lançar a semente. Um dia, ela vai produzir frutos. Olhe o mundo e perceba como a semente lançada frutificou e espalha-se, apesar do mal que nos cerca.

Sociedade

Jovens que se tornam cada vez mais materialistas; famílias que abdicam de suas responsabilidades; a sociedade que se desintegra à força de uma corrupção impune; a avidez pelo dinheiro; a violência e a injusta separação de classes; sociedade frustrada; desnorteada, traída, explorada e sofrida; mas com seu povo tendo fome de justiça, verdade, liberdade e principalmente vontade de viver.

Amor que multiplica

Nem sempre podemos resolver os problemas dos outros, mas podemos encontrar soluções concretas por meio do amor e da caridade, fazendo do mundo uma só comunidade. E aquilo que parecia um sonho pode ser realidade.

Rebelião com Cristo

Março de 1995. Estava para completar meu primeiro ano como Diretor Administrativo da Penitenciária da Cidade de Franco da Rocha, onde fui designado para prestar serviços pelo Coordenador dos Estabelecimentos Penitenciários, em substituição ao antigo diretor que havia sido denunciado por desvio de verba do Estado.

O Diretor-Geral da penitenciária era o senhor Antonio Samuel de Oliveira Filho, que, naquele mês de março, gozava de suas férias, deixando como substituto o Diretor de Produção, Aleixo N. Lelis.

No início da segunda semana, em todo o noticiário e jornais de televisão, falavam de um "motim" que acontecia no Presídio de Hortolândia, Região de Campinas/SP, que, na segunda-feira, terminava com um saldo de oito presos e um Diretor de Segurança mortos.

O Secretário que conduziu as negociações, Dr. Belisário dos Santos Júnior, decidiu transferir os principais líderes daquele motim para a Penitenciária de Franco da Rocha.

No dia seguinte, terça-feira, sob um forte aparato policial, aqueles nove presos entraram pela portaria da unidade e foram imediatamente conduzidos para as celas. Ficaria, de qualquer forma, um clima tenso entre funcionários e presos com a chegada daqueles detentos.

Quando chegou a sexta-feira, por volta das 5 horas da tarde, eu me encontrava em minha sala de trabalho, ao lado de um dos funcionários da subfrota, que pediu que eu o acompanhasse para juntos verificarmos uma viatura danificada. Claudemir insistia para verificar a tal viatura, como se fosse um sinal e que, infelizmente, não percebi, dizendo que mais tarde iria até o seu setor verificar o automóvel.

O meu horário de saída do expediente normalmente era por volta das 18 horas e, assim, disse ao funcionário que um pouco antes desse horário passaria no setor de subfrota. E logo que ele deixou minha sala, escutei no corredor uma gritaria e um barulho, que me fez ver o que acontecia. Ao olhar para fora, vi alguns presos armados com faca correndo para cima de alguns funcionários, gritando que estava tudo dominado. Voltei para minha sala e lembrei-me de que um dos presos que pude ver com a faca mão era exatamente um dos nove rebelados de Hortolândia. Tranquei a porta e o barulho e a gritaria aumentaram. Percebi que estava iniciando uma nova "rebelião" no sistema penitenciário.

As Primeiras Horas da Rebelião

Trancado em minha sala que possuía uma janela apenas voltada para o jardim do presídio, vi vários funcionários aproximarem-se para saber o que ocorria e eu sabia que ali seria alvo de uma invasão a qualquer momento. Pedi ajuda aos colegas que estavam do lado de fora para que, com o maçarico, pudessem serrar as grades da janela. Mas a informação que chegou foi que o maçarico estava dentro do presídio. Achando que teria uma chance contra a invasão dos presos, coloquei duas mesas em linha reta até a parede para dificultar o arrombamento.

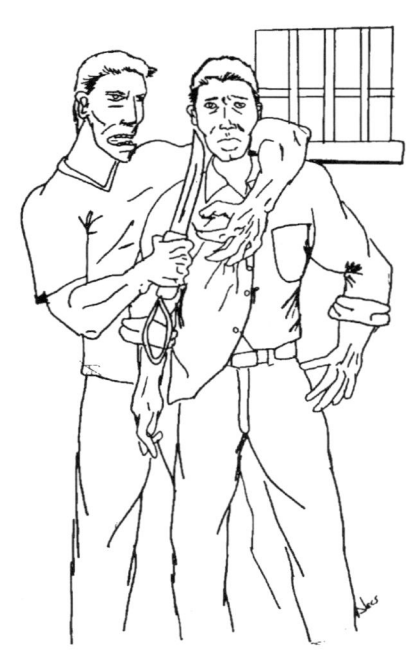

Algum tempo depois, chegava ao presídio a Tropa de Choque da Polícia Militar e eu continuava na angústia de, a qualquer momento, ter minha sala invadida. E eu acreditava na chance de que isso não aconteceria. Tolo engano! De repente, os presos começaram a bater na porta, gritando para abrir... Nessa hora, um policial militar que estava em minha janela disse para eu ficar com seu revólver. Por um instante, eu quase aceitei, mas percebi que seria inútil e colocaria a minha vida e a de meus colegas em risco.

Comecei a me conformar com aquela situação e pensei em enfrentar aquilo com coragem. Sabia que deveria abrir a porta pelo meu próprio bem e entregar-me aos bandidos. Mas minha coragem veio quando comecei a lembrar de Jesus. Peguei, de imediato, em meu bolso da calça aquele crucifixo que há tantos anos me acompanhava e segurei firme em minha mão, rogando a Jesus que me livrasse do mal.

Eu sei que esse Jesus mora no meu coração e que aquele crucifixo é apenas um sinal. Mas viria a descobrir que aquele objeto seria mais que um sinal da presença de Cristo. Segurei bem forte em minha mão e esperei aqueles bandidos baterem novamente na porta.

Não demorou muito e eles voltaram a bater, ameaçando de forma mais violenta. Retirei a mesa que segurava a porta, girei a chave e ela foi violentamente empurrada contra mim. Quatro presos detiveram-me e, levando alguns tapas na cabeça e com uma faca apontada contra o pescoço, fui deixado no fim do corredor, onde fiquei com outros funcionários.

Separando Homens e Mulheres

Os minutos de tensão, no fundo daquele corredor, onde me encontrava ao lado de um amontoado de funcionários aterrorizados e assustados como eu, demonstrava que ali muitos passariam pela sua primeira experiência de terror.

Percebi que os presos que comandavam toda aquela ação eram exatamente os nove que, dois dias atrás, haviam aterrorizado a Penitenciária de Hortolândia. Portanto, todo cuidado seria pouco em relação a obedecer o que eles desejavam.

Além daqueles nove detentos de Hortolândia, outros que faziam parte do Presídio de Franco da Rocha também aderiram ao movimento. As celas iam sendo abertas pela malandragem e muitos presos passaram a participar da "Rebelião". Do total de 1.200 detentos que ali se encontravam, pelo menos 150 participaram do sinistro.

O preso que liderava toda a situação era o Valdir, um rapaz negro, magro e alto e foi ele quem determinou que houvesse a separação dos funcionários. Primeiro mandou que as funcionárias fossem levadas a uma sala no outro extremo do corredor, isolando-as para uma possível tentativa de usá-las nas negociações. Posteriormente, Valdir determinou que houvesse a separação dos funcionários, ficando divididos em duas salas, sendo uma em frente à outra. O total de funcionários reféns era de 66, sendo 22 mulheres e 44 homens.

Horas de Terror

Cada minuto que passava era, para mim, uma eternidade. A angústia de perceber que as negociações arrastavam-se transformava aquela espera em medo.

Ao completar sete horas desde que a Rebelião se iniciou, os presos tão apreensivos quanto nós, funcionários, buscaram no consumo das drogas refúgio e encorajamento para enfrentar uma possível invasão do "Choque" da Polícia Militar.

Enquanto o preso Valdir, que era o líder, negociava pela janela com as autoridades, outros começavam a se posicionar de uma maneira mais agressiva contra os funcionários.

Na sala onde me encontrava, ao lado de mais 23 colegas, vivenciei cenas de crueldade, que abalariam o mais forte coração. Em um determinado momento, como não tínhamos condições de ir ao banheiro, as necessidades fisiológicas eram feitas na própria sala. E foi com uma garrafa de refrigerante de dois litros que usamos para urinar que os presos, ameaçando com facas e agressão física, obrigaram alguns funcionários a beber aquele líquido. Não podíamos fazer nada para parar aquela crueldade, pois aquele que tomasse a dor do colega tinha as orelhas grampeadas.

Sentados em volta da sala, um ao lado do outro, sabíamos que chegaria a nossa vez, e deveríamos enfrentar aquilo sem desespero, para não morrer.

Olhávamos um para o outro em cada descuido daqueles presos que tomavam conta da sala. Dizíamos baixinho que éramos 24 funcionários contra apenas dois que mantinham guarda. Seria com certeza possível dominá-los e reverter o quadro. Mas, ao raciocinar por um minuto, lembramos dos outros colegas distribuídos nas outras salas, que poderiam pagar pelo nosso abuso, e assim sendo desistimos da idéia.

Em certo momento, outros presos, que pertenciam à nossa penitenciária, revoltados, começaram a entrar naquela sala, pedindo que tirássemos as nossas roupas. Alguns levaram calças; outros, camisas, sapatos e até meias. Segurava firmemente aquele crucifixo em minha mão e rogava a Jesus que me desse sabedoria e proteção. Pensava muito em meu filho Paulo Fernando, na minha família, nos amigos, e tinha a convicção de que sairia dali vivo.

De repente, começamos a ouvir trovões que indicavam chuva naquela madrugada. Mas o que aconteceu em seguida foi terrível, porque um forte temporal desabou naquela cidade, raios, trovões, ventos que assobiavam, sim, parecia filme de terror. Um desses raios, que deve ter caído próximo, fez com que as luzes do presídio se apagassem. Nesse instante, os presos vieram para cima de nós, achando que a Polícia tinha feito o "apagão" de propósito e desesperados ameaçavam-nos, batendo uma faca na outra e gritando para que ninguém se atrevesse a se mexer. No bater de uma faca na outra, eu vi faíscas tão fortes que percebi que eles estavam com mais medo de uma possível invasão do que nós naquele instante.

Felizmente, o temporal não demorou muito e as luzes voltaram. Eram quase 2 horas da manhã e se completavam nove horas de rebelião. E toda aquela pressão piorou depois do susto que os bandidos tiveram na hora em que as luzes apagaram.

A Revelação

Comecei a perceber que o que os presos na verdade queriam era falar com a imprensa e poder dizer que a palavra que as autoridades deram a eles, quando da Rebelião em Hortolândia, não havia sido cumprida em nossa penitenciária, que era simplesmente ficarem no convívio normal da cadeia. Isso realmente não aconteceu, pois logo que deram entrada em nossa penitenciária foram colocados na ala de segurança e trancados.

Olhei para o meu colega de trabalho, o Toninho, e disse a ele que gostaria de poder fazer alguma coisa, até porque em pouco tempo de trabalho naquela cidade e respondendo como Diretor Administrativo daquela unidade fui obrigado a fazer muitos contatos com prefeitos da região, comerciantes, igreja, enfim, todo tipo de contato possível, para me estabelecer, pois de acordo com os problemas encontrados em minha administração, percebi que necessitaria da compreensão dessas pessoas para me ajudarem a socorrer aquele presídio. Dentre esses contatos, fui apresentado a um comerciante chamado Celso, que estava implantando a primeira rádio local, e, ao conhecê-lo, fui convidado a acompanhar o nascimento daquela rádio e posteriormente convidado a participar de um programa no horário das 20 horas. Esse programa era uma competição cultural entre todas as escolas da cidade e foi um sucesso. Decidi então que deveria falar com o líder daquela rebelião e pedi ao presos que vigiassem a sala. Ele se aproximou de mim e perguntou: "Quem é?" Eu respondi que era o Diretor Administrativo e que gostaria de falar com o Valdir. Ele disse que iria ver... Depois que falei aquilo, meu amigo Toninho perguntou: "Você tem certeza do que vai fazer? É perigoso". Mas eu estava decidido e disse a ele que não era possível ver nossos colegas tomando urina, grampeando orelhas e sendo agredidos e que nem imaginava o que pudesse estar acontecendo nas outras salas, principalmente com as mulheres.

A resposta chegou e aquele preso veio acompanhado de mais um outro louro de óculos escuros que era chamado de "Sam"; e esse preso perguntou por que não tinha dito antes que também era Diretor. E eu respondi que não deixaram, mandaram que ficasse de boca fechada. Então, aquele preso mandou levantar-me e acompanhá-lo.

Fui levado escoltado com aquela faca nas costas até a outra sala, e, ao sair no corredor, percebi aquele movimento incrível de presos que carregavam objetos e subiam para as celas. Ao chegar na sala, que era justamente do Diretor-geral, completamente destruída, encontrei outros funcionários sentados como nós em volta da sala, vestidos com os uniformes dos presos, e o meu amigo Aleixo, que respondia como Diretor-Geral da unidade, deitado no chão, olhando para cima, bastante machucado, mas vivo, e o líder dos presos, Valdir, sentado na cadeira do diretor com os dois pés nos ombros de Aleixo e com a ponta da faca apontada para seu peito.

Aquela cena, confesso, chocou-me um pouco, mas felizmente descobri que nenhum colega estava morto.

Valdir, quando entrei na sala, olhou para mim e pediu que me sentasse ao seu lado em uma cadeira antes ocupada por outro preso que estava drogado. Assim que me sentei, percebi os olhares dos meus colegas que estariam imaginando o que fui fazer ali. E respirando fundo disse a Valdir que gostaria de ajudar e fazer parte das negociações. Ele ficou em silêncio... Eu, sentado ao lado dele, fiquei esperando uma resposta, mas ele continuou em silêncio e dessa vez olhando como se estivesse me medindo. Tentei explicar que teria condições de sair e trazer a imprensa para o próximo prédio, pois trabalhava na rádio local e que também conhecia muitas pessoas importantes na cidade, como prefeito, juiz, padre, enfim, o que fosse preciso para influenciar as autoridades e que com eles no local dificultaria uma possível invasão... de repente, ele pegou sua faca e bateu com ela em minha mão direita, que estava fechada... Sem os dentes na boca, ele perguntou, cuspindo em minha cara, o que tinha na mão fechada. Eu olhei para ele e falei: "Veja". Ao abrir minha mão, mostrei a ele meu crucifixo. Valdir, nessa hora, sem perguntar nada, olhou para o preso que me acompanhou e disse: "Ele vai sair". Voltou os olhos para mim e falou que eu teria apenas 20 minutos para que isso acontecesse, e que se não retornasse mataria um dos meus colegas. Aceitei e, confiante, fui me levantando, quando Valdir pediu que esperasse e, voltando os olhos aos meus colegas ali sentados, perguntou a eles se confiavam na minha pessoa. Silêncio na sala... "Como é, ninguém vai responder?" E, logo em seguida, Marcelo Papa foi o primeiro a dizer que sim e todos posteriormente disseram o "sim" tão esperado.

Fui escolhido por dois presos até o portão principal da Cadeia, e ali chegando, um dos que me acompanhavam disse às autoridades que eu sairia para negociar. Qual não foi minha surpresa quando o Coordenador que estava do lado de fora afirmou que era contra a minha saída. Confesso que não entendi a atitude dele, mas o preso que me acompanhava virou-se e mandou buscar outro funcionário para próximo do portão. Quando ele chegou, o preso disse para o Coordenador que era bom aceitar a minha saída para negociação, pois senão queimaria o funcionário, ameaçando com um litro de álcool em suas mãos.

Assim, não houve outro jeito a não ser aceitar a minha liberação. Ao passar pela porta, olhei para trás e vi o funcionário ser amarrado junto a um tambor de gás industrial. Pensei no tempo em que eu tinha para conseguir convencer as autoridades do que estava acontecendo do lado de dentro e fazer com que a imprensa tivesse acesso ao local. Dirigi-me até onde estava o Secretário, o Comandante da

PM, o Coordenador dos presídios, para discutir esse assunto, e fui apanhado de surpresa, quando me disseram que não havia acordo e que estava pronta a "Tropa de Choque" para a invasão. Nesse instante, disse que isso seria impossível, pois estava dentro daquele prédio um grande número de funcionários, inclusive mulheres, e gritando que elas foram espalhadas pela cadeia e seria difícil uma invasão assim sem garantias de vida dos que estavam lá dentro. Pedi uma chance para o Secretário, dizendo que, desta vez, não haviam matado nenhum funcionário e que o diálogo com a imprensa naquele momento tranqüilizaria e poria fim àquela rebelião. Na verdade, a solicitação da imprensa para os detentos rebelados era importante, pois gostariam de dizer que a palavra dada no outro motim, em Hortolândia, não havia sido cumprida e que assim, com a imprensa presente, eles confiariam em nova promessa das autoridades. Isso foi entendido pelas autoridades e nessa hora disseram que sim, que eu tinha razão e que iriam autorizar a entrada de toda a imprensa, até porque o relógio marcava 4 horas da manhã e dificilmente teria público para ver ao vivo pela TV. Tudo acertado. Foi dada a ordem para que abrissem o portão principal para a entrada da imprensa. Fiquei emocionado e torci para que tudo fosse como imaginava.

Separados por uma grade na porta de entrada, os presos foram então entrevistados pela imprensa e assim acabou acontecendo um acordo para o término daquela rebelião que, na verdade, durou mais de 12 horas.

Pude, nas horas que vieram a seguir, exigir do Valdir, líder daquela rebelião, que os funcionários não fossem alvo de mais covardia, por parte de outros presos. De imediato ele concordou dizendo, entre outras coisas, que, a partir daquele momento, tudo que por mim fosse solicitado seria respeitado, porque no linguajar dos malandros, pelas atitudes que tive, passei a ser considerado homem pela obediência da palavra empenhada e pela confiança. Assim, a partir daquele momento, fui o único que teve acesso ao interior daquele prédio para acalmar e verificar como estavam os colegas reféns.

Ao anoitecer daquele sábado, 27 horas completadas como reféns, as negociações para removê-los a outras unidades prisionais foi decidida. Eles embarcariam no dia seguinte pela manhã, com destino a outras penitenciárias.

Aos poucos, intercedi nas negociações para que as mulheres fossem libertadas, naquela noite e conforme palavra empenhada; os outros funcionários restantes ficariam em poder de alguns presos até que os outros detentos chegassem ao seu destino.

Domingo, 15 horas, todos os outros funcionários foram liberados pelos detentos e a rebelião terminou. Desta vez, sem nenhuma vítima fatal, como ocorrera dias antes na Penitenciária de Hortolândia. Foram 46 horas de ansiedade, de conflitos, de angústia, de medo, mas, desta vez, tudo terminara bem. O único saldo negativo, além de todos os equipamentos destruídos, foi o pedido de exoneração de 13 funcionários, que não suportaram viver todo aquele terror.

Não há dúvidas de que esta foi uma das maiores manifestações de Jesus em mim, não só pela proteção da minha vida, mas dando-me a luz da sabedoria, colocando em minha boca as palavras certas na hora certa, transformando não só a minha vida, mas provando na atitude daquele bandido ao ver o crucifixo em minha mão que o seu poder fez derrubar muralhas, espantar os demônios de dentro de cada preso e trazer a paz de volta aos nossos corações.

E você, que acabou de ler esta história verdadeira, sentiu já este poder? Não importa a adversidade, mantenha sua fé no poder de Jesus.

Santa Rita de Cássia

No dia 19 de setembro de 1992, 8h30 da manhã. Nasceu meu filho, Paulo Fernando, com 51 centímetros e pesando 4 quilos. Um meninão.

Agradeci a Deus pelo maravilhoso presente. Um filho perfeito, bonito e com saúde é tudo o que um pai quer.

Sua mãe passava muito bem após o parto natural e ficou tão feliz quanto eu ao segurar em seus braços aquele menino.

Nos primeiros dias de vida de meu filho, eu não me continha nos exageros. Aqueles que me conhecem perceberam toda a minha alegria e emoção, por causa de meu filhão.

Nas palestras de que participei, nos fins de semana após o nascimento de Paulo Fernando, não me continha nas lágrimas de alegria. Agradecia a Jesus a todo instante.

Durante a semana, no meu trabalho, ficava com o pensamento voltado para ele. Contava os minutos para poder ir para casa e ver aqueles olhinhos brilhantes, pegá-lo nos meus braços e dizer: "Meu querido filho".

Mas, na noite de 5 de outubro, após ter mamado nos seios de sua mãe, meu filho sentiu dificuldades de dar aquele "arrotinho", e ela, já cansada, o colocou no berço para dormir. De repente, Alessandra, sua mãe, acordou e foi olhar o menino no berço. Ela soltou um grito de desespero que me fez pular da cama. Quando dei por mim, meu filho estava nos braços dela, em minha frente, completamente roxo, engasgado que estava.

No desespero, querendo fazer meu filho voltar a respirar, nós o colocamos de cabeça para baixo, batíamos em suas costinhas, mas nada adiantava.

Morávamos em um apartamento no 3º andar, no bairro de Santana. Naquele momento de desespero, corremos para a rua com nosso filho no colo, ainda sem respirar. Rapidamente, pegamos o carro e saímos em alta velocidade, em direção ao hospital mais próximo.

No caminho, dentro daquele carro, Alessandra tentava desesperadamente reanimá-lo. Ela gritava muito porque percebia que não estava conseguindo. Chegamos em 15 minutos ao Setor de Emergência do Hospital São Camilo, que fica na Rua Voluntários da Pátria. Ali chegando entramos com o bebê nos braços e eu, desesperado, gritava por ajuda. Nessa hora, uma médica, que estava chegando, correu em nossa direção e sem perguntar nada retirou Paulo Fernando de meus braços e imediatamente o levou para o Centro de Tratamento Intensivo.

Corremos atrás daquela médica, e recebi a informação de uma enfermeira que, naquele CTI, nós não podíamos entrar. Mas Alessandra acabou convencendo aquela senhora e conseguiu ficar ao lado do filho.

Tentei me acalmar, enquanto esperava por notícias. Fui então ao Setor de Atendimento do Hospital a fim de preencher os devidos documentos da entrada de meu filho. Eu estava muito nervoso, mas as enfermeiras foram me acalmando. Assim pude telefonar para avisar meus parentes do que estava acontecendo.

Em questão de minutos, toda a minha família apareceu no hospital. Meus pais, meus irmãos, meus tios, enfim, todos os que sempre estiveram ao meu lado.

Todos me confortavam, dizendo que tudo iria terminar bem. Mas meu tio Ademir não se continha e queria, a todo instante, saber notícias de meu filho. Ele foi fundamental para que eu me mantivesse calmo.

As notícias, porém, não eram nada boas. Paulo Fernando havia tido uma "broncoaspiração". Na demora do socorro, e pelos minutos que ele ficara sem respirar, a saúde do meu filho estava comprometida e seu estado era grave.

Lágrimas de Sangue

Chegamos ao terceiro dia de internação do meu filho no CTI daquele hospital e sua saúde inspirava muitos cuidados.

Sua mãe permanecia ao lado dele, a todo instante, sem se afastar por um minuto sequer. Fui chamado pela equipe médica para tentar convencê-la a ir descansar um pouco, afinal ela estava se recuperando após o 18º dia do parto.

Minha tentativa foi inútil, pois Alessandra praticamente não aceitava nenhum argumento que a tirasse de perto de seu filho, mesmo os médicos afirmando que aquela dedicação poderia fazer muito mal.

Nas raras oportunidades em que pude ficar ao lado de Paulo Fernando no CTI do hospital, pude observar aquelas agulhas espetadas nas veias de seu bracinho e até mesmo em sua cabecinha. Eu sei que fazia parte do seu tratamento, mas não pude agüentar vendo meu filho naquela situação.

Na tarde daquele mesmo dia, quando trazia um lanche para Alessandra, ao entrar naquele setor, ouvi o choro de uma criança e logo identifiquei que era de Paulo Fernando. Ao chegar perto dele, percebi que, quando ele chorava, suas lágrimas eram vermelhas. Sim, era sangue que saía de seus olhos.

Os médicos diziam que não sabiam ao certo o que era aquilo e que era necessário fazer um exame. O resultado desse exame apontou que Paulo Fernando havia pegado uma pequena infecção hospitalar que atacou suas vistas.

Começamos a tratá-lo, aplicando-lhe um antiinflamatório em forma de colírio e cobrindo sua vista com um pedacinho de pano. Saí daquela sala transtornado e repeti o que havia feito nos últimos três dias, ou seja, rezei muito.

Contei com a presença de muitos amigos que me deram apoio fraterno e espiritual, além de força para superar tudo aquilo.

No quinto dia de internação de meu menino, eu estava sentado em um dos bancos da capela do hospital, rezando como nos outros dias. Mas nesse dia aconteceria algo especial. Por volta das 13 horas, uma senhora muito bem vestida, que eu nunca havia visto em minha vida, aproximou-se de mim e apresentou-se como sendo voluntária no hospital. Em seguida, olhou para mim e foi dizendo: "Seu filhinho está aqui internado, mas você, pai, precisa acreditar no poder de Jesus para que ele seja salvo". Ela falava com um tom de voz tão suave e calmo, que eu fiquei apenas a olhar em seus olhos. Por fim ela disse: "Tome aqui esta santinha, que é Santa Rita de Cássia. Essa Santa é a das causas impossíveis, portanto reze muito para que ela interceda junto a Jesus na cura de seu filho".

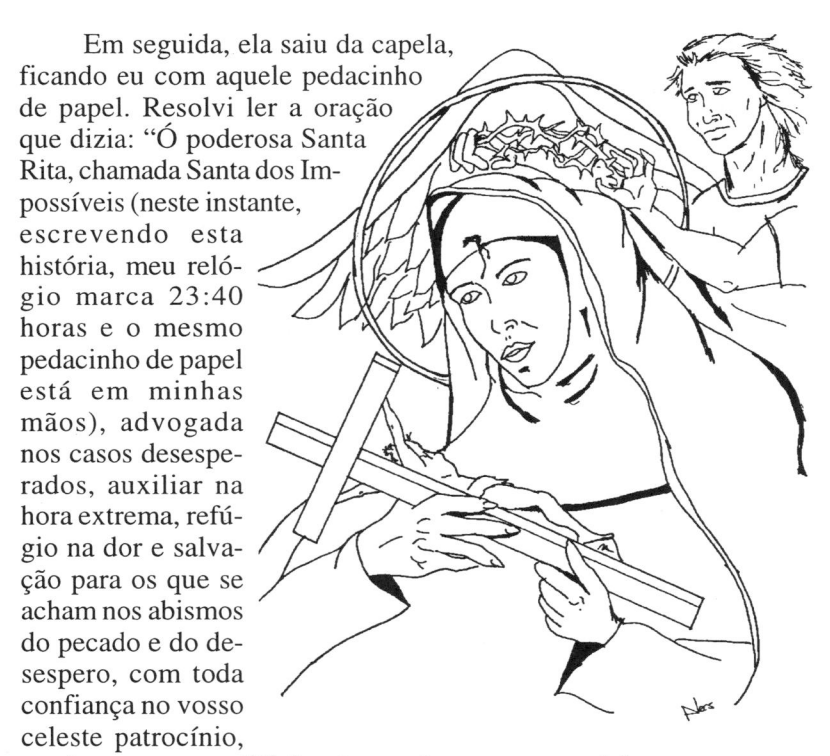

Em seguida, ela saiu da capela, ficando eu com aquele pedacinho de papel. Resolvi ler a oração que dizia: "Ó poderosa Santa Rita, chamada Santa dos Impossíveis (neste instante, escrevendo esta história, meu relógio marca 23:40 horas e o mesmo pedacinho de papel está em minhas mãos), advogada nos casos desesperados, auxiliar na hora extrema, refúgio na dor e salvação para os que se acham nos abismos do pecado e do desespero, com toda confiança no vosso celeste patrocínio, a vós recorro no difícil e imprevisto caso que dolorosamente me aflige o coração. Dizei-me, Santa Rita, não me quereis auxiliar e consolar? Afastarei o vosso olhar piedoso do meu pobre coração angustiado? Vós bem conheceis o que seja o martírio do coração. Pelos sofrimentos atrozes que padecestes, pelas lágrimas amargorosíssimas que santamente derramastes, vinde em meu auxílio. Falai, rogai, intercedei por mim junto ao coração de Deus, pai de misericórdia e fonte de toda consolação, para que me conceda a graça que tanto desejo... (a cura de meu filho). Apresentada por vós, que sois tão aceita ao senhor, a minha prece será certamente atendida. Valer-me-ei deste favor para melhorar a minha vida e para exaltar na terra e no céu as misericórdias divinas (como fiz e faço agora, anunciando a todos)".

Eu li esta oração com tanta fé, mas com tanta fé, que naquele mesmo dia meu filho começou a melhorar. Acredite, em apenas 24 horas depois dessa prece Paulo Fernando ganharia alta do hospital.

Meu filho saiu do CTI e ficou em observação até o fim do dia e por volta das 22 horas retornou para casa. Paulo Fernando completou 8 anos de vida. Está no segundo ano da escola e fazendo parte de uma escolinha de futebol, que é a sua paixão. Eu sei que logo mais ele irá ler esta história que seu pai acaba de escrever, mas não lhe causará surpresa, pois garanto que já terei contado a ele tudo o que aconteceu, para que ele saiba que sua mãe foi muito forte e não fraquejou, ficando ao seu lado todo o tempo, até o último segundo, quando ele recebeu a tão esperada liberação dos médicos para voltar para casa curado. (Foi esse amor que o curou, meu filho. Foi também a fé por meio da oração a Santa Rita de Cássia que o salvou.)

Amém

Paulo Fernando
"Meu filho, e uma das razões de minha vida."

Memórias

Nos mais diversos locais, onde estive atuando como palestrante, levando humildemente a palavra de Jesus, convidado pelos dirigentes dos Encontros, pude registrar na memória alguns acontecimentos que marcaram a trajetória de nossa missão nesses 20 anos.

Rasgando o Documento

Este fato ocorreu no Encontro do Parque Novo Mundo.

1993

A nossa palestra, nesses anos todos, no setor do Parque Novo Mundo, sempre foi realizada aos domingos, no horário da 13 horas, logo após o almoço. E, diga-se de passagem, é o local onde pude, por várias vezes, degustar da saborosa comida que é preparada no Encontro, obedecendo rigorosamente a receita, que manda temperar tudo com muito amor.

Na palestra daquele ano estava acompanhando do meu grande amigo Zé Roberto, que naquele domingo comeu como nunca no almoço. Esse fato não me surpreendeu, porque era normal o Zé se alimentar bem.

A palestra daquele dia foi muito legal e emocionante. O Zé, o Piu e eu percebemos que o objetivo principal de conseguirmos passar aquela mensagem havia sido conquistado.

Em nossa saída daquela sala, logo no encerramento, fui abordado por um dos casais dirigentes que, naquele instante, pedia-me que conversasse em particular com outro casal, que estava assistindo à palestra e que participava também do Encontro.

Eu fui até uma sala, onde se encontrava o casal, enquanto o Zé Roberto e o Piu aguardavam-me no corredor.

Ao entrar na sala, nos cumprimentos, percebi que a mulher chorava muito. Aguardei um momento, esperando que aquela senhora pudesse se acalmar. Assim que ela ficou mais tranqüila, disse: "Por meio de suas palavras, Jesus mostrou-me o quanto eu estava errada. Amanhã, eu iria colocar minha mãe que está doente em uma casa de repouso para idosos, na verdade, um asilo. Ela mora comigo, e está doente há algum tempo, mas eu vinha encontrando dificuldade para poder ajudá-la. Com suas palavras, notei que iria cometer o grande pecado do abandono".

Aquela mulher abriu sua bolsa e mostrou-me o documento de internação no asilo e na mesma hora rasgou-o bem na minha frente. Depois agradeceu a Jesus pela luz encontrada, que fez com que ela percebesse e lembrasse tudo que sua mãe havia feito por ela. Dos sacrifícios que ela passou para educar não só a ela, mas também a seus irmãos. Dos momentos difíceis daquela família, nos quais ela deixava de comer para que seus filhos tivessem o alimento; que a mãe fora para a rua, vender sorvetes, para comprar remédio para curar o filho.

Aquela mulher disse-me ainda: "Por tudo isso que me veio à memória, percebi que as dificuldades, das quais eu reclamo hoje, são tão poucas perto de tudo que minha mãe fez por nós. Que Deus me perdoe por passar pela minha cabeça a tentativa de interná-la, pois minha mãe acharia que todo amor que nos deu com seu sacrifício não valeu a pena. Seria a maior frustração e a antecipação da sua morte".

Nesse dia, eu chorei com aquela mulher, porque ela também me fez perceber o poder de Jesus, atuando em minha vida. Eu estava em um Encontro de Jovens, mas, naquele dia, Jesus reservou Sua luz àquela mulher.

Drogas, Nunca Mais

Encontro de Jovens na Paróquia Santa Inês, Setor Mandaqui

1996

Durante minha palestra naquele Encontro, um jovem do casal boa vontade estranhamente chorava no canto da sala, cada vez que dirigia seu olhar para mim.

Aparentemente, o rapaz tinha uma certa timidez em seu olhar, mesmo assim acompanhava tudo atentamente.

Quando terminou a palestra, dirigi-me ao pátio externo, onde pude tomar um café, acompanhado das amigas Andréia e Vick, que coordenavam o Encontro.

Naquele café que é servido também aos encontristas, e enquanto conversava com as minhas amigas, aquele rapaz da equipe boa vontade veio até onde eu me encontrava. Ao se aproximar de mim, olhou nos meus olhos e pediu: "Paulinho, posso lhe dar um abraço?". Nós nos abraçamos e ele chorou novamente.

Sem dizer nada, ele colocou em minhas mãos um cartão e se afastou. Olhei para aquele cartão, ao lado de minhas amigas, e juntos lemos o que estava escrito: "Para aquele que me tirou das drogas em 1989. Demorei para encontrá-lo... queria apenas dizer-lhe: 'Obrigado, amigo!'".

As lágrimas vieram-me aos olhos, comovendo não só a mim, mas também a Vick e a Andréia.

Voltei meu olhar na direção daqueles jovens que tomavam café, a fim de encontrá-lo. Ao vê-lo, ele também estava olhando para mim com um sorriso no rosto. Eu, nesse instante, fiz um sinal de "sim" com minha cabeça e sorri, porque mais uma vez, naquele exato momento, recebia a luz de Jesus para que compreendesse ainda mais a minha missão, a minha obra.

Paulo Roberto
1992

Meu amigo Zé Roberto e eu fomos convidados por um casal dirigente do Encontro de Guarulhos para que fôssemos à casa deles, pois precisavam de ajuda.

Fomos até a residência deles no dia seguinte, por volta das 20 horas. Assim que chegamos ao local fomos apresentados a outro casal, que nos contou seu problema.

Carla, a filha única daquele casal, de apenas 19 anos, estava grávida. Até aí tudo bem, mas o problema é que os pais descobriram que o namorado dela e futuro pai da criança era viciado e morava em uma favela, próxima à Rodovia Fernão Dias.

Os pais dela até então não sabiam do vício do rapaz. A descoberta se deu quando a filha resolveu contar sobre a gravidez. Foi a partir daquele instante que eles se interessaram em saber sobre quem era realmente aquele namorado.

Descobriram que o moço, que poucas vezes foi à casa de Carla, era uma pessoa perigosa. Mas a jovem, segundo seus pais, era apaixonada por ele ou, como eles diziam, estava obcecada pelo rapaz.

Estava claramente estampada na face, tanto do pai como da mãe, a decepção com o que ocorria com a filha. A sua mudança foi cruel, seu comportamento agressivo e repentino assustava aqueles pais.

Atendendo à solicitação do casal, Zé Roberto e eu fomos à casa deles para conversar com Carla. No caminho, ficamos sabendo que aquela garota havia feito o Encontro de Jovens quando tinha 17 anos e que não freqüentava mais a paróquia nem mesmo o grupo de jovens.

Assim, sabendo que Carla nos conhecia, passamos a acreditar que a conversa poderia ser mais tranqüila e convincente.

A pedido do casal, nossa missão era convencê-la a ir com a sua família morar no interior e, dessa forma, salvar a filha das drogas e das mãos daquele marginal.

Carla já estava para completar o quarto mês de gravidez. Naquela noite, ela contou, com detalhes, seu envolvimento com o rapaz e confirmou-nos aquilo que seus pais já sabiam a respeito dele. Em cada fato mencionado pela moça, nós rebatíamos com algo melhor que a fazia pensar. Tentamos mostrar a cada instante que seria bom para ela esse afastamento, indo morar com os pais no interior, para que ela pudesse julgar melhor seus atos.

Pedimos a Carla que desse uma oportunidade para que, pelo menos, aquela vida que estava em seu ventre pudesse vir ao mundo com tranqüilidade e que, quem sabe, essa mesma criança não mostraria a felicidade que ela procurava.

Saímos daquele lar achando que a missão estivesse cumprida e que havíamos conseguido convencê-la.

No dia seguinte, meu telefone tocou e ao atender reconheci a voz do pai de Carla. Ele dizia que ela fugira de casa, deixando apenas um bilhete, em que falava para que eles fossem para o interior e fossem felizes, pois ela tentaria sê-lo de sua maneira.

Liguei para o Zé Roberto e juntos ficamos inconformados. Passava pela nossa cabeça que poderíamos ter incentivado aquela atitude, quando tentáramos fazer com que ela pensasse que estava completamente errada.

Quatro dias depois, o meu telefone tocou novamente e, como nunca deixei de acreditar no poder de Jesus Cristo, quando atendi reconheci a voz de Carla do outro lado da linha. Ela queria falar urgentemente com o Zé Roberto e comigo. Disse ainda que mantivéssemos segredo para com seus pais. Eu concordei, e naquela noite fomos ao local marcado.

Encontramos Carla toda machucada, suja e com fome. Ela confessou que ficou na favela com o namorado e percebeu que não era aquilo que queria.

Graças a Deus, conseguimos convencê-la e, no mesmo instante, levamos Carla para casa. Quando ali chegamos, pedimos aos pais dela que a levassem o mais rápido possível para o interior, aproveitando o desejo da moça, e que possivelmente poderia mudar de idéia a qualquer momento.

Cinco meses depois, em junho de 1992, recebi uma carta. Era de Carla e de seus pais. Escreveram que estava tudo bem e comunicavam que a criança havia nascido. Era um menino. Carla dizia que o nome dele era Paulo Roberto em homenagem a nós. Afirmava também que não nos esquecia. Valeu![1]

Que Assim Seja!
1991

Este é mais um fato ocorrido no Encontro de Jovens do Setor do Parque Novo Mundo, na capital paulista. Naquele fim de semana, dois padres visitaram a Paróquia de Santa Rita de Cássia e, durante o Encontro, aproveitaram para acompanhar e assistir a algumas palestras.

O ano era 1991, e eu estava acompanhado do meu amigo Zé Roberto quando, no início da palestra, realizávamos um momento de descontração, contando para aqueles jovens a famosa história do Fusca 66.

Os dois padres que visitaram o Encontro, e que também assistiam à nossa palestra, estavam sentados na última fileira de cadeiras daquela sala, acompanhados dos casais dirigentes da época.

Era possível perceber que eles não estavam gostando da tal brincadeira de descontração, que, naquele momento, estávamos fazendo com a garotada. Bastava olhar para o semblante daqueles padres para notar que não estávamos agradando.

Um deles, que deveria ter aproximadamente 60 anos de idade, queria a todo custo levantar-se e ir embora, mas era contido pelo casal de dirigentes que os acompanhava. Solicitavam-lhes que assistissem à palestra até o fim. Eles tiveram paciência e ficaram ali sentados até seu término.

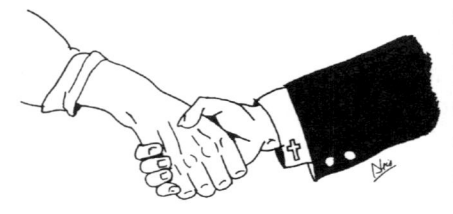

---

1. A família de Carla vive até hoje em Pindamonhangaba/SP e tudo vai muito bem. Na favela citada, aquele rapaz não fazia parte da maioria.

Da mesma forma que havia percebido seus olhares de desaprovação pelas brincadeiras que fazia, notei também o quanto se emocionaram, quando pudemos falar de Jesus e de nossas famílias, na segunda parte da palestra.

No encerramento, ao sairmos da sala, lá estavam os dois padres no corredor à nossa espera. O de 60 anos, quando me aproximei, deu-me um forte abraço e disse, com lágrimas nos olhos: "Eu estava querendo ir embora, na sua brincadeira. Depois de assistir a tudo até o fim, percebi que aquilo era importante, porque você estava falando com jovens, e seria difícil aquele desfecho, se não os tivesse conquistado antes. Que Deus continue iluminando você". Eu só pude responder...
Que assim seja!

Vaias para Nós
1997

Esta passagem da qual me recordo agora aconteceu na Paróquia Nossa Senhora da Paz, que está localizada no Parque Dom Pedro, zona central da cidade de São Paulo. Eu estava com o Piu, meu amigo violeiro e companheiro de tantos anos, quando por volta das 17 horas daquele sábado chegávamos ao local.

Nossa palestra era a que encerraria aquele primeiro dia do movimento; mas, quando ali chegamos, as coisas estavam estranhas. Não havia ninguém para nos receber na entrada, coisa que não é comum nos Encontros. Fomos entrando e aos poucos as pessoas pelas quais nós passávamos nos cumprimentavam com um sorriso amarelo.

Chegamos à sala de palestras e vimos os jovens encontristas que ali estavam, em completa descontração sem que houvesse alguém para orientá-los.

Logo que Dona Cida, Coordenadora do Encontro, nos viu, veio conversar com a gente, dizendo que a reunião não estava bem. Cida contou-nos que os palestrantes que por ali passaram antes de nós quase não conseguiram concluir sua palestra. A razão é que, daquela vez, Cida havia convidado jovens da periferia que, quando se encontraram dentro daquela sala de palestra, percebeu-se que existia entre eles grupos rivais de rua e que não estavam respeitando o fato de estarem no Encontro com Cristo.

Percebemos a nossa responsabilidade naquele dia de encarar aquela situação. Fomos fazer a oração na capela e entregamos a Jesus o resultado. Assim mesmo, ao sair da capela, Dona Cida disse-nos que em vista do que estava acontecendo, ela não ficaria chateada se nós não fôssemos dar a palestra. No seu pensamento, ela encerraria mais cedo o Encontro naquele sábado com a expectativa de que aqueles jovens arruceiros, no dia seguinte, não comparecessem. Falamos a ela que seria para nós também uma experiência, pela qual tínhamos de passar, fosse qual fosse o resultado, porque em nome de Jesus estávamos ali, e que eram justamente eles que estavam precisando da palavra.

Quando o casal apresentador anunciou os nossos nomes para mais uma palestra, ouvimos uma sonora vaia que só terminou quando o Piu e eu ficamos parados de frente para eles, com aquela nossa cara de surpresos, assustados e tristes. Demoramos algum tempo para poder começar a falar alguma coisa e assim dar início ao bate-papo.

Através da luz do Senhor, entrei no jogo daqueles jovens. Comecei a brincar com eles, no início, inclusive, fazendo brincadeiras alternadas entre os grupos rivais. Assim, pude contar a eles algumas histórias, enquanto brincava.

Algum tempo depois, percebi que eu estava com o domínio daquela sala, quando ouvi alguém dizer: "Esse cara é dos nossos". Foi o que tanto Piu como eu precisávamos ouvir para sentir que, a partir daquele momento, era hora de mostrar a eles algo especial.

Dei uma parada na brincadeira e disse a eles que gostaria de contar uma outra história, mas que, desta vez, eles pudessem dar a mim a oportunidade de ter o respeito de todos.

Assim, apresentei a eles o Cristo daquele Encontro. Falei também o porquê de eu estar ali. O resultado daquela palestra não podia ser diferente. Agradeci a Jesus por essa experiência e pelo resultado alcançado.

No fim, muitos aplausos em vez de vaias. Pudemos ficar ainda um bom tempo ao lado daqueles jovens, até o encerramento daquele dia. Muitas perguntas e uma só resposta... JESUS.

Injeção de Ânimo

Participava do Grupo de Jovens Unicrisma naquele ano de 1984. Esse grupo de jovens no qual ingressei no ano de 1977 era um dos mais atuantes. Entre muitas de suas atividades, podemos incluir participação em campanhas da fraternidade; visitas a asilos, creches, penitenciárias, hospitais; realização de tapete de rua; pedágios; cestas de Natal para famílias pobres, teatros, testemunhos em Encontro de Casais; gincanas; bailes; enfim, era algo incrível participar daquele grupo de jovens.

Naquela época, escrevi uma peça de teatro, cujo nome era "Um Raio de Esperança" e a intenção inicial era de apresentá-la apenas nos Encontros de Jovens. Mas ela foi se tornando conhecida cada vez mais, a ponto de criarmos um roteiro de apresentações nas escolas de São Paulo, levando assim aquela mensagem, que tinha como tema principal a família.

Lembro-me como se fosse hoje do entusiasmo e do orgulho que aqueles jovens sentiam a cada apresentação nas escolas. Não só eles, mas também os adultos, casais que faziam parte do elenco e que se dedicavam da mesma forma, que tiveram como consagração, além dos aplausos da platéia, o convite de transformar aquela peça em novela de rádio, feita pela radialista e palestrante Erci Ayala, hoje falecida, mas viva em nossa memória.

E aconteceu que, em junho daquele ano, a Rádio Bandeirantes AM exibiu a sua última novela de rádio, dentro do programa "Quem é você", da apresentadora Erci; era a nossa peça de teatro "Um Raio de Esperança".

Ficamos felizes, mas muito mais feliz ficou o nosso orientador espiritual e amigo, padre Guilherme José Bel, que foi quem acreditou não só na peça de teatro, mas na juventude, abrindo as portas de sua igreja e de seu coração, e convidando aquele movimento jovem para conhecer e viver Jesus profundamente.

Naquele mesmo ano de 1984, foi organizado, pelo grupo de jovens, um baile com a finalidade de arrecadar verbas e alimentos para a comunidade. Esse baile, como tantos outros eventos, foi realizado no salão paroquial da nossa igreja.

Compareceram a esse baile, além da juventude que fazia parte daquela comunidade, vários casais coordenadores das diversas pastorais da paróquia.

Muitas pessoas, em sua maioria, foram ao baile para se divertir, enquanto outros tiveram o prazer de apenas trabalhar na venda de salgadinhos, bebidas e montagem de som.

Eu estava escalado com outro colega (José Bevilaqua) para cuidar do som e iluminação do local. Até porque eu já fazia parte da equipe de discotecários da Discoteca Zoom, que ficava em Santana, uma casa noturna das mais bonitas da cidade naquela época.

Mas foi nesse baile, onde compareceram apenas pessoas ligadas à igreja, que tive uma grande surpresa. Dentre os grupinhos de jovens que se formavam, dentro do salão, um em especial chamou-me a atenção, enquanto comandava as músicas do baile. Comecei a perceber que o comportamento deles estava no mínimo estranho aos demais. Primeiro que, diferente dos outros, aqueles rapazes e garotas que faziam parte do grupo dificilmente dançavam como os outros e, o que é pior, havia dentro daquele salão um afastamento deles para com os demais.

Quando houve a oportunidade de sair do local onde me encontrava e dar uma volta, fiz questão de passar perto daquele grupinho e percebi que entre eles estava um dos violeiros que tocavam nas nossas missas de domingo, e justamente ele estava mais alegre, chamando a atenção dos demais.

A alegria dele tinha outro motivo: estava sob os efeitos da maconha. Ele segurava e distribuía entre os outros o cigarro, contendo a droga, para que eles também entrassem no mesmo embalo.

Fiquei decepcionado com aquela cena, bem como outras pessoas, que vieram a saber do fato.

Jovens que, apesar de tudo que aprenderam em palestras e com o grupo, vivendo intensamente a participação nas missas, sentem-se impotentes na hora de se divertir e acham que sem a droga na veia, no sangue, no cérebro, não serão capazes de se realizar efetivamente com seus colegas e com as meninas. Chego à conclusão de que essa "injeção de ânimo" que esses jovens, mesmo participando de um grupo de igreja, necessitam para estar felizes mostra que, acima de tudo, é mais um "bandido de Deus", que para eles só o Amor não resolve, necessitam, isso sim, de cuidados profissionais da área da saúde.

Esta história é verídica e serve como alerta aos Coordenadores de grupos e comunidades de jovens, que sabem que uma laranja podre pode afetar todas as outras que estiverem ao seu lado. E isso nós não queremos. Mesmo este jovem problemático tem de ser amado e de qualquer maneira respeitado em suas fraquezas.

Pensamentos do Autor

- Trabalhando no Encontro de Jovens com Cristo
  Para ser grande, ninguém precisa de mais trabalho do que tem. Basta fazê-lo bem-feito.
- A juventude do Brasil
  Quando a juventude não oferta botões de esperança, teme-se pelo futuro de nossa Pátria.
  Faça alguém feliz e comece a ser também.
- Nunca vou me sentir satisfeito com a minha vida...
  Pessoa satisfeita é fruta madura, só falta cair.
- Nunca consegui fazer tudo o que queria...
  Até porque é o caminho mais curto de fazer o que não se deve.
  O mal faz propaganda. O Bem faz silêncio.
- Se você não está satisfeito com a sua pessoa, mude agora e não depois.
  Mude você e não os outros.
- Quando participar do Encontro de Jovens, lembre-se do lema: Servir e não ser servido... pois

Quem serve visando lucros, não serve; serve-se.
- Lembre-se:
Enquanto você estiver com medo, é noite.
- Tente fazer todos os dias o bem que você pode...
Algum dia far-se-á o bem que você sonha.
- Supere os momentos difíceis e tente manter alegre o rosto...
Há sempre alguém precisando deste painel de vida.
- Errei muito em minha vida buscando a felicidade e descobri que...
Não errei em buscá-la, mas no modo de buscar.
- O Encontro de Jovens com Cristo é um imenso jardim...
Cuidar da juventude é plantar flores nesse jardim, descuidar é arrancá-las.
- Aos Dirigentes e Coordenadores, na hora de preparar um novo Encontro de Jovens, lembrem-se de que:
O que faz os ambientes não é a quantidade de pessoas; é sua qualidade.
- Em minhas palestras, peço sempre que os jovens descubram os valores de sua vida que não se perdem...
Só assim irão perdendo tanta coisa sem valor.
- Quero dizer algo a todos os meus amigos palestrantes:
Não somos o que pensamos ou dizemos. Somos o que fazemos.
- Três reações do jovem dentro da comunidade/grupo de jovens:
Acomodar-se; incomodar; incomodar-se, fazendo seu o problema do outro.
- Na roda de amigos...
Nos seus comentários, deixe que os ausentes tenham razão.
- Na participação dos trabalhos no Encontro de Jovens, não sejamos tão práticos...
Acabaremos inventando um "deus" de bolso.
- Aprendi dando palavras em cuidar das palavras

É que elas são a voz do coração.
- Não faça nada com muita pressa na vida...
O tempo zomba de tudo o que foi feito sem ele.
- Dentro do Encontro, já percebeu quanta gente trabalha
Para termos o pão de cada dia?
- Novo milênio... 20 séculos de Cristianismo...
Mal foram suficientes para provar de quanto o coração humano é capaz em termos de amor a Jesus.
- Definir meu relacionamento com os presos no trabalho dentro do presídio é dizer que uma pessoa má não precisa ser maltratada por mais ninguém...

Sheila e Ricardo — Jd. São Paulo "Garra em defesa de uma juventude melhor."

Ela mesma se maltrata suficientemente.
- Não importa quantas perguntas lhe façam em sua vida; procure responder com a verdade...
Até porque meia verdade ainda é mentira.
- Nas avenidas de nossa vida, quando o sinal fecha para mim,
Abre para meu irmão.
- O segredo da juventude é viver o dia de hoje como se fosse o último.
O único dia da vida.
- Para ter coragem:
Não espere deixar de sentir medo.
- Enquanto você não crer em algo,
Não tem o que querer.

- Pouca gente corre atrás da alegria,
  Muita gente corre atrás do prazer.
- Às vezes, é preciso ser duro com as pessoas,
  Uma pessoa afogada não pode ser afagada.
- O filme de nossa vida é fotografado a cada dia que vivemos,
  Mas revelado apenas em horas importantes.
- Infelizmente...
  No dicionário, guerra vem antes de paz; infelizmente, vem.

Elpidio
"Experiência em defesa dos jovens de Sta. Terezinha."

- Quando vejo o enorme número de jovens que hoje lotam as cadeias, quando vejo a polícia perseguir certa juventude, vem-me uma vontade doida de pedir-lhes
  Que persigam certos professores desses jovens.
- Drogas, drogas, drogas.
  Todos quantos não conseguiram largar o vício estavam crentes de que o poderiam fazer, a qualquer tempo.
- Um dos modos de desvalorizar a vida e a pessoa é...
  Obsessão sexual.

- O Encontro de Jovens com Cristo é aquele que tem o poder de converter os de vida convertida e principalmente consegue...
  Arrastar, empolgar e ganhar novos adeptos.
- Senhores pais:
  Nenhuma criança educa-se pelo que os pais têm, mas pelo que eles são.
- Reconhecer o sacrifício dos pais. Filho grato é mais do que uma exceção,
  Chega a ser anormalidade.
- Definição sobre a fé: a fé, quando chega, pode ferir brutalmente, porque ela é definitiva e sendo assim...
  Ela também é total e soberana.
- No "Relacionamento Pais & Filhos",
  Não deixe que seus filhos precisem ter táticas de abordagem.
- No "Relacionamento Pais & Filhos" II,
  Toque, fale, demonstre seu amor. Faça tudo o que puder para estar perto de seu filho e fique jovem.
- No Encontro de Jovens,
  Quem não se acha capaz de fazer muito mais do que já faz não se meta a ir ter com Deus nem com o Cristo.
- Quando não há Amor,
  A vida acaba ficando complicada.
- Transforma-se em nós o alimento que tomamos. Anote isto:
  Leituras e amizades são alimentos também.
  Encontrando a porta aberta, quando vem a nós, Jesus vai fundo, transforma, transfere, transfigura.

A Paz
Ela não é apenas a ausência de guerra.
Ela é chamada de obra da justiça.
Ela exige constante vigilância.
Ela nunca é assegurada para sempre.
Ela deve ser construída continuamente.
Ela é o fruto do Amor.
Ela avança além dos limites da justiça.

Ela surge no amor ao próximo.
Ela é a imagem que Cristo promana do Pai.
Por isso, Ele é o príncipe da Paz, que, através da cruz, reconciliou os homens.
Pratique a justiça. Pratique a caridade e estabeleça a paz.

(*C. Vaticano II*)

Futebol entre primos e amigos
"Esporte que pratico."
Em pé: Zé, João, Popó, Renato, Zezinho e Adriano.
Agachados: Paulo, César, Bira, Fábio e Kiko.

Geração Adúltera

Devemos condenar a hipocrisia das pessoas. Pessoas que ensinam os outros, mas elas mesmas não vivem o que pregam. "Aquele que não tiver pecado, que atire a primeira pedra."

Poderíamos, nesses novos tempos, chamá-los de Geração Adúltera, lindos por fora e podres por dentro. São pessoas que sabem o que é certo, mas preferem sempre fazer o que é errado.

Geração Adúltera, ainda hoje, são todos aqueles que ouvem as palavras de Cristo no Evangelho, nas missas, e que, durante a semana, renegam no seu trabalho, na escola e até em casa.

Geração Adúltera, ainda hoje, são todos aqueles pais que, por causa de sua posição social, de seu trabalho, nunca têm tempo para ficar com seus filhos.

Geração Adúltera, ainda hoje, são todos aqueles filhos que não respeitam as normas de boa educação, vivendo sempre em conflito e que ainda dizem que são incompreendidos e que ninguém, principalmente seus pais, os entende.

Geração Adúltera, ainda hoje, são todos os professores que acham suficiente ensinar apenas as matérias do currículo escolar, não se importando com as leis morais.

Geração Adúltera, ainda hoje, são todos aqueles jovens alunos que afirmam aos pais que estudam, mas só vivem bagunçando, colando e distraindo-se com outras bobagens, que acabam não percebendo que estão enganando a eles mesmos, sendo assim tão idiotas.

Geração Adúltera, ainda hoje, são todos os jovens que, ao sair de casa, dizem aos pais que vão para reuniões no grupo de jovens da paróquia e que, na verdade, são causadores de vários transtornos futuros à família e à sociedade, desviando-se do verdadeiro caminho.

Geração Adúltera, ainda hoje, são todos os jovens que criticam a vida, o ensino, os políticos, a segurança, a situação do mundo e acabam cruzando os braços para os problemas de sua própria casa.

Geração Adúltera, ainda hoje, são todas as pessoas que, usando de sua autoridade como governantes, empresários, e de seus cargos, exploram o povo, exigindo o sacrifício e dando tão pouco em troca.

Geração Adúltera, ainda hoje, são todos os patrões, que compram a dignidade e honra de seus empregados com presentes, para depois explorar e trair.

Geração Adúltera, ainda hoje, são todos aqueles que aceitam os mais diversos compromissos e depois não assumem e não aparecem em nenhum deles, dando cano até em seus melhores amigos.

Geração Adúltera, ainda hoje, são todas aquelas meninas e garotas que não conseguem exigir o respeito de seus namorados. Crianças abandonadas, por essas atitudes impensadas de garotas e rapazes sem ideal e sem Cristo.

Geração Adúltera, ainda hoje, são todos aqueles jovens modernos, que, ao namorar, estão casados. E, quando casam, querem ter atitudes de namorados.

Geração Adúltera, ainda hoje, são todos aqueles que jogam na loteria e pedem a Deus que os ajude, oferecendo em troca ajuda aos pobres.

Geração Adúltera, ainda hoje, são todos aqueles que mandam, mas não fazem.

Geração Adúltera, ainda hoje, são todos aqueles que pregam a verdade e praticam a mentira.

Histórias para Refletir

Um é Pouco, Dois é Bom e Três é Demais

Luiz, com seus 23 anos, trabalhava em uma lanchonete muito famosa pelos seus deliciosos e especiais pratos noturnos, que fazia aos fins de semana.

Essa lanchonete ficava a cinco minutos de uma grande casa noturna que, na verdade, era a discoteca que atraía uma moçada de todas as regiões da cidade para curtir e dançar nas suas pistas.

Todos os sábados, por volta das 4 horas da manhã, várias pessoas, que saíam daquela discoteca, terminavam suas noites comendo os famosos pratos daquele estabelecimento em que Luiz trabalhava.

E foi numa dessas noites que Luiz conheceu Andréia, uma linda garota de apenas 19 anos. Ela era realmente bonita, com cabelos e olhos castanhos e um corpo malhado em alguma academia. Era de causar inveja.

Por toda sua beleza, e por que não dizer, ela era gostosa a ponto de o enfeitiçar, Luiz começou a fazer tudo para que a garota o notasse. Mandou bilhetes enquanto ela comia seus lanches e não tirava seus olhos dela.

Andréia freqüentava todo fim de semana aquela lanchonete, ao lado de suas amigas, após dançarem na discoteca, e já percebera que Luiz a paquerava.

O rapaz reparou que em todas as vezes que a viu nunca estava acompanhada por um namorado, o que dava a ele a expectativa de uma possível conquista.

Em uma das noites, não teve jeito. Andréia levantou-se da mesa em que estava com as amigas e foi na direção daquele balcão no qual estava Luiz. Ao perceber que aquela gata vinha em sua direção, ele começou a tremer, mas acabou se contendo. Andréia encostou ali, olhou para ele e disse: "Hoje, você vai me levar para casa".

Ela não havia perguntado, mas sim intimado Luiz a levá-la para casa. Por sorte, Luiz, naquele dia, havia lavado o carro. Quando ele pôde sair, convidou a moça para o acompanhar. Ao chegarem ao estacionamento, Luiz mostrou a ela seu carro e foi logo abrindo a porta daquele Opala de cor verde, ano 79, para que ela pudesse entrar, agindo como um cavalheiro.

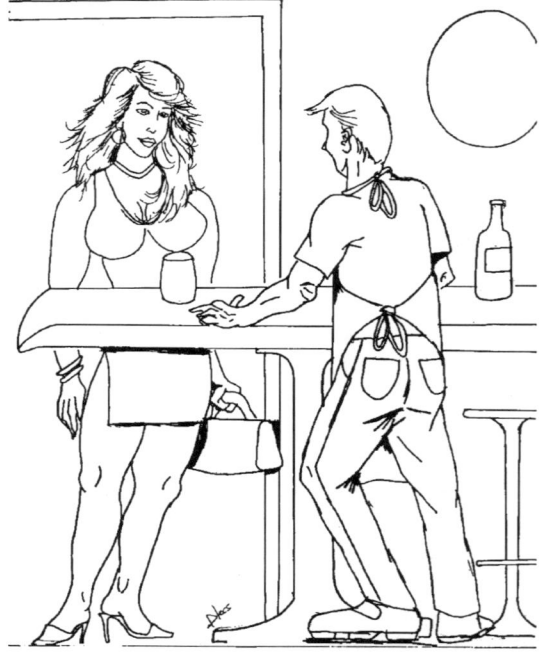

Luiz levou-a para casa, e, no caminho, eles pouco se falaram. Andréia, sentada a seu lado, naquele Opala, com sua minissaia, instigava Luiz a tocar aquele par de coxas.

Ela percebeu que o havia deixado com muita vontade. Assim foi chegando para perto dele naquele carro e foi falando em seu ouvido, entre outras coisas, para desviar o caminho para o motel mais próximo.

De imediato, Luiz fez a curva e foi parar num motel à beira da Rodovia Fernão Dias. Lá tudo aconteceu como Luiz sempre esperava e sonhou.

No dia seguinte, ele não acreditava que havia transado com aquela tremenda gata. Ao encontrar o Zé, seu melhor amigo, foi contando o fato e se achando o tal.

Passaram-se alguns dias e Luiz não tirava Andréia do pensamento. Quando o sábado chegou, ficou esperando-a na lanchonete, afinal de contas, ela tinha dito ao telefone que estaria lá. E não deu outra. Andréia chegou, e quando Luiz notou sua presença na lanchonete, ficou excitado, imaginando que se repetiria o sábado anterior.

Quando os dois subiram no Opala, Luiz foi logo perguntando a ela se poderia pegar o rumo da Rodovia Fernão Dias. Mas ela respondeu que não. Ela lhe disse que não estava a fim naquela noite. Mesmo chateado, ele procurou tomar o rumo da casa dela.

Ao chegarem em frente ao portão da casa da garota, Luiz aproximou-se de Andréia e deu-lhe um beijo de despedida. O beijo foi tão bom que Andréia começou a agarrar Luiz com mais força e ambos começaram a sentir muita vontade. Acabaram transando ali mesmo, dentro do carro e em frente à casa dela.

Luiz voltou para casa, pensando em como estava se tornando um conquistador. Começou a sentir que seus beijos e carinhos eram de deixar Andréia louca.

Naquela semana, a garota ligou para Luiz dizendo que gostaria de vê-lo, antes dos encontros tradicionais da lanchonete. Ele marcou, então, mais um encontro e lá foram eles para mais uma noite de amor.

Até que, um dia, Andréia o convidou para conversar na casa dela. Ele foi imaginando que, depois da conversa, fosse outra vez fazer sexo. Mas, assim que chegou, notou uma certa tristeza no olhar de Andréia.

Quando estavam cara a cara, ela disse que estava esperando um filho. Luiz deu um pulo da cadeira e não acreditava, dizendo que saíram apenas três vezes em pouco mais de um mês... Não podia ser verdade.

Ele ficou chateado, emburrado, não queria, de forma alguma, acreditar que fosse verdade. Andréia disse a ele para não esquentar tanto a cabeça, porque ela também não queria o filho. A garota contou uma longa história, afirmando que a razão principal era seus pais, que eles a expulsariam de casa, se viessem a saber de uma notícia dessas. Isso tudo acabou convencendo Luiz a ajudá-la a abortar aquela criança.

Andréia já havia pensado em tudo, onde e com quem faria aquele aborto e apenas disse o preço a Luiz. Ele ficou de arrumar o dinheiro.

No dia marcado, os dois foram até uma clínica clandestina na cidade de Guarulhos e ali o pecado e o assassinato aconteceu.

Após quatro dias do fato, Luiz ainda não estava conformado com o que havia feito, e quis falar com Andréia. Na mesma lanchonete onde ele trabalhava, foi marcado o encontro. E quando ela chegou, os dois sentaram para conversar. Ali, sentado, Luiz mostrava sua insatisfação com o que tinha ocorrido e disse que gostaria que ela o ajudasse a apagar aquilo de sua mente. Ele começou a chorar na frente de Andréia, culpando-se pelo fato.

Triste com aquela situação do rapaz, Andréia disse a ele que poderia acalmá-lo, revelando que ele não seria o pai do filho que ela esperava e sim seu antigo namorado, Augusto. E como acreditava que seu antigo amor não tinha dinheiro para que ela fizesse o aborto confessou que usou Luiz para conseguir o dinheiro e resolver a situação.

Luiz sentiu-se aliviado e, ao mesmo tempo, traído e enganado como nunca fora antes. Mas aquela lição serviu para ele.

Os jovens que fazem do namoro uma vida de casados e, quando se casam, tentam namorar muito tarde e então percebem que tudo não passou de ilusão.

Nos Braços de Jesus

Pedro é filho de Valdir e Carmen, que, além dele, têm outros três filhos e formam uma família feliz.

Filho de casal atuante na Igreja, Pedro, aos poucos, foi aproximando-se daquele movimento jovem da paróquia. Participava das missas aos domingos e, despertado pelos pais, descobriu o seu talento com o violão.

Todas as vezes em que Pedro tocava nas missas dos jovens naquela paróquia, seus pais sentiam muito orgulho e, mais do que depressa, incentivaram Pedro a se dedicar cada dia mais à arte de tocar violão.

Um certo dia, seus pais foram convidados a assumir um

trabalho com a juventude de uma paróquia da Zona Leste da cidade. O padre daquela igreja depositou no casal total confiança quanto à realização de um bom trabalho à frente da pastoral jovem.

Aquele convite pegou a família de surpresa, porque, na verdade, a falta de uma melhor condição financeira para poder dar tranqüilidade nos estudos dos filhos, além de outros pequenos problemas, estava fazendo com que a união da família estivesse necessitando de uma injeção de ânimo.

O fato é que, por causa dos problemas financeiros, a família foi obrigada a se mudar para perto daquela paróquia, e assim o convite para ajudar aquela pastoral jovem acabou unindo a família por meio da paz necessitada e encontrada no trabalho para Jesus.

Valdir e Carmen, com toda sua experiência, resolveram montar, com a ajuda do padre, o primeiro Encontro de Jovens daquela paróquia. Seu filho Pedro foi chamado a coordenar a equipe de animação daquele encontro. Sua equipe destacou-se por sua alegria e emoção e envolveu a todos os jovens encontristas.

O segundo Encontro foi marcado para o fim do ano, e todas as reuniões das equipes de trabalho começavam a ser realizadas semanalmente.

Em uma quarta-feira, Pedro estava em casa preparando a reunião de sua equipe de animação. Separava as músicas e canções que fariam parte daquele novo Encontro. De repente, começou a sentir fortes dores no peito e chamou pelos pais, que rapidamente o levaram para o hospital.

Foi constatado que Pedro tinha um problema de interrupção sangüínea para seu coração. Assim, os médicos resolveram operá-lo com urgência.

Com o problema de saúde de Pedro, formou-se uma grande corrente de orações para seu restabelecimento. Nas missas, nas reuniões, nas rodas dos amigos, todos buscavam ajudar com pensamentos positivos.

No dia em que Pedro foi ao hospital para realizar a difícil operação, faltavam ainda 45 dias para o segundo Encontro de Jovens. Ao chegar ao hospital, Pedro realizou vários exames antes da cirurgia, e, quando retornou ao seu quarto, seus pais não deixaram o filho um só minuto e ouviram esta frase dele: "Gostaria muito que Jesus me ajudasse e, depois de tudo, ainda poder tocar no próximo Encontro".

Seus pais sabiam da gravidade e dos riscos daquela operação, mas nunca deixaram de ter fé no poder de Jesus.

Naquele dia da operação, muitos amigos reuniram-se para rezar por Pedro. Uma grande corrente de fé.

O coração de Pedro parou.

Foram duas horas sendo mantido vivo artificialmente pelos médicos para realizar a desobstrução da passagem do sangue através do coração.

As pessoas que puderam estar presentes ao hospital, ao lado da família de Pedro, também mantiveram-se na fé, unidos pela forte oração a Jesus.

E foi assim que Jesus respondeu com o sucesso da operação. Pedro estava salvo. Quarenta e cinco dias depois daquela perigosa intervenção cirúrgica, Pedro estava com seu violão naquele segundo Encontro de Jovens da sua paróquia, ao lado de seus amigos e nos braços de Jesus.

O Fusca 66

Paulo morava naquela casa amarela, no fim da rua. Rose morava um quarteirão antes, no sobrado de tijolos aparentes. Não se conheciam pessoalmente, a não ser de vista, quando um deles passava pelo outro na rua.

Rose, uma garota linda de aproximadamente 20 anos, estudante do 1º ano do Ensino Médio, enquanto Paulo, mais velho, trabalhava todos os dias na farmácia do seu tio Roberto e possuía um fusca 66, de cor azul, que seu pai lhe deu quando completou 21 anos. É claro que o Fusca 66 não era lá essas coisas, mas era tudo que Paulo tinha. O carro era tão antigo que por causa disso andava muito devagar, tanto que ele dizia que em vez de velocímetro possuía calendário. Para o lado direito do passageiro, Paulo improvisou um pedaço de madeira e recortando fez o assoalho, já que estava todo furado. Mas era o Fusca 66 do Paulo.

Todos os dias em que ele saía para o trabalho, passava com seu automóvel por onde sua vizinha, Rose, aguardava o ônibus que a levaria para a escola. Ele olhava para ela e imaginava um dia poder conhecê-la. Mas Paulo era muito tímido e não percebia que ela também o olhava quando passava.

Um dia, São Pedro foi muito legal com Paulo. Ao sair no seu horário habitual, chovia muito e ao passar com seu Fusca 66 em frente ao ponto de ônibus, lá estava Rose, com aquela sombrinha, tomando toda a forte chuva que caía sobre ela.

Paulo, ao ver aquela cena, tomou coragem e resolveu parar o Fusca 66 bem perto dela, esticou o braço, tentou abrir o vidro lateral, girando aquela manivela solta, que escapava, mas afinal deu certo, e ele conseguiu abrir o vidro. E aí disse em voz alta: "Quer uma carona?". Rose olhou e pensou consigo mesma: "A chuva está muito forte, acho que vou aceitar essa carona, afinal, eu conheço de vista esse cara. É meu vizinho". Rose resolveu aceitar a carona e acabou entrando pela janela, pois a porta do Fusca não abria.

No caminho, Paulo apresentou-se a Rose, dizendo de sua vontade de parar o carro nas outras vezes, mas que sua timidez o impediu. Mas ele deixou claro que daquele momento em diante daria carona a Rose, se ela estivesse no ponto quando ele passasse, já que era caminho para o trabalho dele.

Coincidentemente, nos dias que vieram a seguir, por várias vezes, Paulo e Rose encontraram-se no mesmo ponto de ônibus e o rapaz a levou à escola com seu Fusca 66. Até que, em certa ocasião, Paulo teve coragem e em uma esquina antes da escola parou o carro. Rose perguntou: "Por que você parou o carro aqui?". E ele respondeu: "Sabe o que é, nesse tempo todo levando você de carona até a escola, eu fui conhecendo-a melhor, olhando para esses olhos lindos que você tem, esses cabelos maravilhosos, esse seu jeito gostoso de falar...". Rose o interrompeu: "Dê um tempo e fale logo o que você está querendo...". Paulo disse: "É que são tantas coisas... que eu nem sei por onde começar...". Rose insistiu: "Fale logo, senão eu vou descer". Cheio de coragem, Paulo perguntou: "Quer namorar comigo?". Ela veio com aquela resposta tradicional: "Eu vou pensar".[2]

Rose, então, após pensar por um minuto na proposta de Paulo, respondeu: "É claro que quero. Até demorou para você tomar essa decisão".

Assim, os dois entregaram-se àquele primeiro beijo.[3]

Foram tantos os beijos que, no caso deles, o primeiro durou 45 minutos. Com isso, o namoro dos dois oficialmente começou.

Após o terceiro mês de namoro, Rose disse a Paulo que gostaria que o relacionamento ficasse mais sério e para isso desejava apresentá-lo a seus pais, em um jantar no sábado seguinte. Ele, então, respondeu: "Não sei se devo". Rose retrucou: "Como não sabe

---

2. É claro que pedir para namorar é do tempo do Fusca 66, porque hoje é apenas ficar, ou seja, ficar por um tempo que pode ser uma semana, um dia, uma hora.
3. Apesar de se desejarem, Paulo e Rose vão passar pelo teste do beijo, pois o primeiro beijo tem de ser muito bom para batizar o namoro.

se deve? Você não diz sempre que me ama? Conhecendo meus pais, será uma prova da seriedade do nosso relacionamento. Poderemos sair até mais tarde, viajar e tantas outras coisas". Paulo não teve outra alternativa a não ser concordar. Ficou combinado entre os dois que, no sábado seguinte, às 8 horas da noite, aconteceria o jantar.

Quando chegou a data marcada, Paulo passou o dia inteiro pensando no que iria falar e preparou-se para o evento. Tomou banho, lavou o Fusca 66, vestiu sua melhor roupa e partiu em direção à casa de Rose. Apesar de morar na mesma rua que ela, o rapaz foi com seu carro.

Ao chegar em frente à casa da namorada, Paulo deu uma buzinada. Logo em seguida, Rose apareceu na porta e o convidou para entrar. Toda charmosa, apresentou-o ao pai ali sentado no sofá da sala e, em seguida, levou Paulo até a cozinha onde a mãe preparava o jantar. Após a apresentação, chegou a hora da refeição, afinal ele foi lá para comer também... e comeu.

Após o jantar, ainda sentado no sofá da sala, Paulo percebeu uma grande diferença. Enquanto ele namorava sem que os pais dela soubessem, era obrigado a pegar sua namorada no local combinado e levá-la a passear. E o local tradicional era um shopping center. Os dois andavam de mãos dadas, olhando as vitrines. Para agradar a garota, Paulo comprava aquela blusinha, ia ao cinema... em seguida, ia à praça de alimentação... ele gastava um dinheirinho razoável para agradar Rose naquele dia, mas, na verdade, o agrado tinha destino. Quando entraram no Fusca 66 para retornarem para casa, Paulo aproximou-se da namorada com aquele desejo, com aquele apetite, mas ela disse que já era tarde e que deveria ir embora. Ao despertar desse pensamento, sentado ainda no sofá da sala, após o jantar, Paulo descobriu que economizou jantando ali na casa de sua namorada, não comprou blusinha, não pagou entradas no cinema, e não gastou com comida.

Gostou tanto da experiência daquele sábado que, já na segunda-feira, às 20 horas, apareceu na casa de Rose com seu Fusca 66. Ele buzinou e quem abriu a porta foi a mãe dela, dizendo que a filha iria demorar um pouco, pois estava tomando banho. Paulo respondeu: "Não faz mal, sogrinha. Vou entrar assim mesmo".

Enquanto aguardava Rose tomar banho, Paulo assistia à TV, sentado na sala ao lado do pai dela. E, claro, concordando com tudo o que ele dizia.

Meia hora depois, Rose apareceu na sala. Banho tomado, cabelos molhados, ao ver Paulo falou baixinho: "Que bom que você veio. Eu precisava mesmo falar com você". Paulo respondeu: "Agora não, vamos primeiro assistir à novela que está começando".

Durante o intervalo da novela, a mãe de Rose apareceu na sala com uma bandeja, trazendo bolo e refrigerantes, e ofereceu a Paulo, que, de imediato, aceitou e degustou aquela oferta.

Paulo estava gostando, cada vez mais, de namorar Rose na casa dela. O tempo passou e ele se acostumou tanto que, quando se despedia de sua namorada, dava-lhe apenas um beijinho e saía com seu carro, de volta para sua casa, pensando na mordomia e na economia.

Mas Rose começou a se incomodar com aquela situação e, conversando na escola com Priscila, sua melhor amiga, explicou que estava triste com Paulo, pois desde que começou a namorar em casa, ele não saia mais para passear. Priscila sugeriu que ela planejasse um passeio que pudesse deixá-lo entusiasmado novamente. Sugeriu ainda que os dois ficassem uma noite inteira juntos.

Rose gostou da idéia e bolou um plano: ela diria à sua mãe que uma amiga da escola faria aniversário no próximo sábado e que ela ajudaria nos preparativos e assim dormiria na casa dela. Rose achou que sua mãe acreditaria nessa história e, confiante, foi falar com ela. De imediato, a mãe discordou. A moça insistiu, dizendo que ajudaria sua amiga e que seu namorado a levaria no sábado e no domingo pela manhã, ele a traria de volta. Mesmo assim, a mãe de Rose só consentiu depois que Priscila ligou para pedir insistentemente.

Com o "sim" de sua mãe, Rose percebeu que a pessoa mais importante nessa história não tinha sido comunicada. Era exatamente seu namorado. Assim, Rose procurou Paulo e contou todo o plano, dizendo que o aniversário era uma mentira e que tudo isso era para, pela primeira vez, passarem a noite juntos. Paulo achou interessante e concordou com sua namorada.

Quando chegou o sábado, Paulo foi até a casa de Rose no horário combinado. Ele buzinou seu Fusca 66, e quem abriu a porta foi a mãe de Rose que, em seguida, desceu as escadas e foi até o carro. Rose entrou no Fusca 66, enquanto sua mãe perguntava ao rapaz se ele realmente a traria no dia seguinte pela manhã. E ele responde: "Sogrinha, seis meses de namoro; está comigo, está nas mãos de Deus".

Paulo ligou o carro e saiu, mas, na primeira esquina, perguntou à Rose: "Já que não tem nenhum aniversário, para onde nós vamos?". Rose, irritada, disse: "Você me pergunta para onde a gente vai? Eu bolei um plano para passarmos a noite juntos e você me faz essa pergunta? Ora, sei lá, pega esse Fusca 66 e vamos".

Um princípio de noite ensolarado (horário de verão), tempo quente. Já passava das 19h30 e, sem ter destino certo, Paulo avistou uma praça maravilhosa e decidiu parar o carro debaixo de uma árvore frondosa. Rose logo perguntou: "Nós vamos ficar parados aqui nesta praça?". E Paulo respondeu: "Já que nós vamos passar a noite juntos e como ainda é cedo, resolvi parar aqui para namorarmos um pouco como antes, afinal, olhe pela janela e veja que noite linda faz lá fora, um céu cheio de estrelas, mas a que mais brilha está aqui comigo".

Aproveitando o momento, Paulo disse a Rose para ir um pouco mais perto da porta do carro, pois ele gostaria de se sentar mais próximo dela. Rose encostou meio que de lado na porta do Fusca 66, enquanto Paulo foi passando sua perna direita sobre o câmbio do carro (tomando todo o cuidado), depois passou a esquerda e pronto, lá estavam os dois no mesmo banco daquele Fusca 66, um de frente para o outro, agarradinhos. Nessa hora, ela pediu ao namorado que fechasse os vidros do carro. Paulo obedeceu, girando as manivelas das portas (fechar os vidros de um Fusca, com duas pessoas dentro, não demoraria dois minutos e eles teriam embaçado todo o vidro, e quem passasse pela rua não poderia ver nada a não ser perceber que a antena do carro não parava de se mexer).

As horas foram passando e Paulo continuou parado com Rose naquela praça, agarradinhos, trocando palavras de amor, dando aqueles beijos ardentes até que Paulo decidiu caminhar com sua mão (boba) pelo corpo de Rose, parando justamente com uma das mãos no seio da garota. Nesse momento, ela colocou a sua mão sobre a dele e, nervosa, perguntou: "O que é isso?". Paulo apavorado com a reação de Rose disse, todo trêmulo: "Pelo amor de Deus, não pense besteira de mim... Não era isso que eu queria...". E Rose imediatamente respondeu: "Como não queria? Queria sim, olhe sua mão aqui no meu seio". E, num gesto inesperado, ela levantou por completo sua blusa e disse: "Agora tome os dois para você".

Mas naquele carro não dava e a porta dele se abriu. Rose quase caiu lá fora. Paulo enroscou-se para melhor agarrá-la. Decidiram terminar aquela noite em um motel. E lá o amor consumou-se.

Passados alguns dias, Rose começou a sentir algumas náuseas, o que a levou a visitar seu médico e realizar alguns exames. Dias depois e com o resultado dos exames, ficou sabendo que estava grávida.

Assustada, apavorada com a notícia que modificaria sua vida, ela resolveu procurar seu namorado.

Quando se encontrou com Paulo, ele, de imediato, percebeu que ela não estava legal e perguntou o que estava acontecendo. Rose, aos poucos, deu a notícia para ele. A princípio, Paulo ficou pensativo, sem saber o que dizer. E Rose perguntou: "Você não vai falar nada?". Nesse instante, Paulo abriu um diálogo recheado de dúvidas com Rose...

— Eu falei tanto para você se cuidar e você não se cuidou?
— É claro que me cuidei, mas aconteceu.
— Como deixou isso acontecer? Isso não podia acontecer comigo nessa hora.
— Com você? Está preocupado só com você? Você vive dizendo que me ama.
— Mas é um tipo de amor diferente.
— Amor diferente! Quantos tipos de amor existem?
— Chega, eu não quero discutir. Só tem um jeito de resolver essa situação. Vou procurar alguns amigos e arrumar uma grana para poder tirar essa criança.

— Não, eu não quero isso
— Mas assim será melhor e tantos seus pais como os meus nem ficarão sabendo.
— Nós temos de encarar isso juntos.
— Eu não quero. Será que você não entende? Eu não estou preparado para ser pai.
— Essa criança que você quer abortar é seu filho!
— Não importa.

Apavorada, Rose procurou sua amiga Priscila e contou também a ela a sua situação.

Mas ela ouviu como conselho que seria melhor mesmo abortar para que seus pais não ficassem sabendo. Priscila disse a Rose: "Lembra-se daquela menina que morava na casa em frente à minha? Ela passou por isso também. Só que ela foi em uma clínica e ninguém ficou sabendo. É só arrumar o dinheiro e vou com você".

Rose, abalada com tudo aquilo que Paulo e Priscila disseram, voltou para casa e procurou sua mãe para contar toda a verdade. Após ouvir sua confissão sobre a gravidez e a pretensão do namorado em querer abortar a criança, a mãe disse a ela: "Olha, filha, fale para aquele seu namorado que você ainda tem um pai, uma mãe, uma família e que você vai ter esse filho, sim! Nós não vamos abandoná-la. Vamos ajudar você a cuidar dessa criança. E diz também a ele que hoje ele está aqui, porque um dia sua mãe disse 'sim' à vida e não o abortou".

Nota conclusiva:

Menina/Garota — Exija respeito para ser respeitada. Que os rapazes percebam que, com respeito, nasce o amor verdadeiro, que transforma o desejo mais ardente em carinho e dignidade por você.

Menino/Rapaz — Saiba identificar a grandeza de uma garota/mulher que, na maioria das vezes, se entrega sexualmente por amor a você... e que também na maioria das vezes, é justamente a prova de amor, que você diz precisar e que ela tanto evitou para ter certeza do seu respeito, do seu carinho e do seu amor.

Quando esse respeito houver de ambas as partes, fazendo com que o entendimento aconteça de forma a projetar um amor verdadeiro, não importará o que venha a acontecer no fim de cada história, mas sempre poderei terminar dizendo "que eles foram felizes para sempre"[4].

Meu Pai Viciado

Patrícia, uma bonita garota de 16 anos, é a mais velha daqueles três irmãos e está cursando o primeiro ano do colegial.

No fim de 1994, ela foi convidada a fazer o Encontro de Jovens com Cristo, que ocorreria na escola próxima à sua casa.

Sua vizinha e amiga, Eliane, que já havia feito esse Encontro, convenceu Patrícia a ir. Quando chegou aquele fim de semana, a menina acordou bem cedo, porque o casal Sílvio e Ana Maria passaria para pegá-la.

Era sábado, por volta das 7h15, quando Patrícia chegou à escola, local do Encontro, ansiosa para ver o que iria ocorrer.

A reunião começou e ela reparou que estava em um ambiente com que sempre sonhara. Um mundo onde fossem verdadeiros os amigos.

A primeira palestra naquele dia teve como tema "Amizade". Muitas frases bonitas foram ditas sobre o assunto e Patrícia ouvia tudo com muita atenção.

De quando em quando, ouvindo o palestrante Enéas, lembrava-se de seu pai, que batia nos seus irmãos e xingava sua mãe. Isso fazia Patrícia recordar-se de que essa era a realidade que encontraria no fim do dia.

Ela sabia que encontraria, em seu retorno para casa, um ambiente de revolta deixado pelo pai, por causa de seu vício.

A primeira palestra naquele Encontro terminou e Patrícia ficou pensando. Houve, então, um momento de descontração, em que ela aproveitou e tomou um café, que fora servido no local. Após aquele café, Patrícia retornou à sala onde pôde acompanhar mais uma palestra que desta vez tinha como tema "Cristo face a face".

---

4. Essa história do Fusca 66 é contada nas palestras "Sentido da Vida" dentro dos Encontros de Jovens e Casais e foi autorizada, pelo seu autor (que sou eu), a sua reprodução.

O assunto lhe interessava, até porque o palestrante Chico convidava a todos a conhecer um Cristo sofredor, por causa dos vícios do mundo.

Todas as palavras que ele dizia foram penetrando no coração de Patrícia. Ela comparava o que Chico dizia sobre o sofrimento de Cristo com suas tristezas e problemas. O sofrimento de Cristo por nós a fez descobrir que alguém a amava de verdade. Assim ela começou a se sentir feliz.

Na palestra "Sentido da Vida", Patrícia sentiu-se plenamente confortada quando eu, inspirado pelo Espírito Santo e ao som das canções do companheiro Piu, comecei a contar a história de nossas vidas, o que acabou revelando a Patrícia um valor adormecido.

Com seus olhos fechados, ela acompanhava com o pensamento que viajava em companhia do coração, momento a momento, o que eu falava.

Mas, no momento em que eu disse a todos que "não importava quem eram seus pais e nem onde eles estivessem porque o amor a eles era o que contava", Patrícia sentiu que o que ela queria era um pai que não se embriagasse mais, mas Deus deu a ela outra solução: o Amor.

Amando, Patrícia compreenderia que aquele era o pai que Deus escolheu para serem felizes. Bastava apenas amá-lo, repudiando o vício, mas amando o viciado que era fraco.

O maior culpado do vício dos filhos são os pais que oferecem bebidas, quando pequenos, em vez de bons livros, mesadas altas em vez de amor. Aqueles mesmos pais que não percebem quando o filho tem algum tipo de problema. Pais que não têm diálogo com seus filhos, porque nunca aprenderam.

E quando esse filho não encontra diálogo, apoio e amor em casa, ele vai procurar na rua.

Na rua, o filho encontra o diálogo, mas o que não presta.

Na rua, o filho encontra o apoio, do qual ele não precisa.

Na rua, o filho encontra as drogas que matam.

Na rua, o filho encontra o amor, mas não o amor de um pai e de uma mãe, que dariam a vida para lhe salvar de sua doença.

Na doença que, muitas vezes, a medicina é fraca para substituir a falta do amor. Amor que salva.

No fim de seu Encontro com Cristo, Patrícia chorou muito. Mas chorou de arrependimento, porque não se lembrava quando tinha dado um beijo em seu pai.

Mas, depois do Encontro, ela percebeu que era possível conviver com um viciado e, ainda por cima, amando. Dois dias depois, o pai sofreu um acidente e morreu. Patrícia perdera a oportunidade. Seu pai já havia partido sem o amor da filha.

Na eternidade, quando ela estiver com seu pai, não precisará pedir perdão, pois Cristo sempre soube do seu amor para com ele. Mas nunca lhe disseram que ela devia amar seu pai mesmo bêbado.

Amar significa salvar. Nesse caso, quem recebe Cristo, como ele, sabe que o importante é amar os pecadores e não os que já estão salvos.

Fascinação por uma Saudade

Novembro de 1992.

Roberto comemorava o aniversário de 18 anos de seu filho Fernando, ao lado de suas filhas Caroline e Ana. Mesmo assim, Roberto não estava feliz. Viúvo, ele se sentia muito só.

Caroline, a filha mais velha de apenas 20 anos de idade, tentava animar seu pai naquele restaurante, mas ele sofria com um vazio no seu coração.

No dia seguinte ao aniversário, Roberto começou a passar mal. Aposentado como chefe de seção da Secretaria da Fazenda, naquele dia, ele estava em casa lendo uma revista, quando sua visão começou a escurecer. Chamou pela filha Caroline, que estava na cozinha, fazendo um chá para ele. Ela, ao ouvir seu pai lhe chamar, saiu correndo até a sala e o encontrou com a cabeça sobre a mesa. Caroline ficou desesperada e, sem saber o que fazer, foi pedir ajuda ao vizinho, que o levou ao hospital.

O diagnóstico foi diabetes. Ele, até então, ignorava ter a doença. Os filhos Fernando e Ana foram chamados ao hospital e lá os médicos receitaram cuidados especiais. A partir daquela data, aquele pai deveria entrar em regime alimentar, tomar alguns medicamentos e todo mês fazer exames para avaliar o nível de sua glicose. Roberto atingiu mais de 400 pontos no nível de glicose, o que o levou a ter inúmeras complicações em sua saúde.

Caroline estudava Pedagogia, enquanto Ana e Fernando estavam no primeiro ano de Direito. Mas, depois dos problemas de saúde do pai, tanto Ana quanto Fernando optaram por cuidar da loja de artigos esportivos que o pai possuía, comprada com a aposentadoria.

O tempo foi passando, e em janeiro de 1994, Roberto teve outra crise por complicações de sua doença que, desta vez, o deixou de cama. Suas pernas começaram a ficar fracas e sua visão mais e mais cansada e ofuscada. Os filhos decidiram que o melhor a fazer seria procurar o Dr. Mário, um grande especialista, que acompanhava o caso de Roberto, para saber quais caminhos tomar para garantir a saúde do pai.

Ana sugeriu ao Dr. Mário a internação do pai em uma clínica para que ele pudesse ter um acompanhamento melhor. A sugestão foi aceita por Fernando, mas não pela irmã mais velha, Caroline, que disse que poderia cuidar do pai. Fernando e Ana afirmaram que não seria fácil, mas Caroline insistiu dizendo que abandonaria seu último ano de faculdade para isso. Foi o Dr. Mário quem deu a palavra final, achando que Caroline tinha razão, pois a internação na clínica poderia ser até pior, já que ele poderia se sentir abandonado e que o amor dos filhos nessa hora seria fundamental.

Caroline trancou a matrícula na faculdade e passou a se dedicar àquele pai de todo o coração. Mas a situação daquela família começou a se complicar à medida que alguns fatos foram acontecendo. O primeiro foi que Ana, grávida, não queria o filho, porque não amava o namorado. Fernando, como irmão mais novo, não sabia o que fazer. Ana, na verdade, estava assustada e acabou adiando sua decisão. Convivendo com aquela gravidez e preocupada com o problema, abandonou a loja da família e deixou tudo nas mãos de Fernando.

Certo dia, Caroline teve de se ausentar dos cuidados de seu pai e pediu que a irmã cuidasse dele naquelas horas em que estaria fora. Ana não gostou muito da idéia, mas acabou ficando em casa ao lado do pai. E, nesse dia, Ana resolveu conversar com o pai e confessar sua gravidez. Seu pai fraco e debilitado pela doença começou a chorar e apenas disse: "Que bom, filha. Parabéns, estou muito feliz! Para quando está previsto?". Ana respondeu que não tinha certeza.

Aquilo preocupou Ana, pois ela não queria ter aquele filho, mas como dizer isso ao pai naquelas condições? Ela percebeu que seu pai não se importou em perguntar sobre o namorado ou o pai da criança, que ele conhecia tão pouco. Ana decidiu que não poderia esconder do pai sobre seu desejo de realizar um aborto. Então, com muita calma, ela lhe contou.

Quando terminou de revelar isso ao pai, ele não aceitou e a fez prometer que não abortaria seu neto. Ana não conseguiu prometer ao pai e, saindo de perto dele, disse que iria pensar.

No dia seguinte, Roberto recebeu um telegrama que dizia estar em débito com um de seus fornecedores. Aquilo caiu como uma bomba na cabeça dele, que, de imediato, pediu a Caroline que marcasse uma reunião na hora do jantar com seus irmãos que cuidavam da loja.

Todos estavam naquela noite reunidos no jantar, conforme seu pedido, e ele resolveu perguntar se as coisas estavam bem na loja. Mais do que depressa, Fernando disse que estava tudo ótimo, tendo o aceno positivo de Ana. Mas Roberto insistiu na pergunta e a mesma resposta foi dada. Naquela hora, aquele pai mostrou o telegrama aos filhos e pediu explicações.

Fernando leu o telegrama e comprometeu-se com o pai que aquilo era um mal-entendido e que no dia seguinte resolveria aquele fato. Seu pai acreditou nas palavras do filho e lhe deu um voto de confiança.

O moço não conseguiu resolver o problema e, pelo contrário, acabou perdendo-se no controle dos pagamentos das dívidas da loja com outros fornecedores também. Roberto sabia que algo estava errado e sabia que seus filhos precisavam de ajuda. E o sentimento de impotência fez com que seu estado de saúde piorasse.

Roberto foi internado na UTI do hospital em estado grave. Seus filhos, desta vez, despertaram para a necessidade de se unirem para salvar a vida dele.

Entre outras coisas, Fernando contratou e montou uma assessoria contábil para colocar as dívidas da loja em dia e é claro que, para isso, teve de colocar alguns bens da família em disponibilidade. O resultado já apareceu no primeiro mês. O balancete da loja mostrava equilíbrio nas contas e a possibilidade de mantê-la como sustento da família. Por sua vez, Ana decidiu ter aquele filho, entendendo o valor daquela vida para ela também, e pôde ajudar no processo de recuperação da loja ao lado do irmão.

Caroline teve então tranqüilidade para ficar ao lado do pai o tempo que foi necessário no hospital. Foram 54 dias de internação, com total dedicação da filha. No entanto, o estado de saúde do pai voltou a piorar e ele quis falar com os três filhos juntos.

Ao chegarem ao hospital, os filhos ficaram ao redor do pai naquele quarto. Ana, Caroline e Fernando ouviram uma confissão guardada há muitos anos. O pai resolveu contar aos filhos verdades, até então, adormecidas pelo tempo. Sabedor de seu grave problema de saúde, ele precisava falar aquilo e sentia que não teria outra oportunidade.

Começou falando do amor que sentia e que nunca deixou de sentir por sua mulher. Contou como namorou e casou, construindo juntos o que tinham. Falou dos momentos difíceis e felizes e que o amor era o que mantinha a união, superando tudo. Disse aos filhos que, apesar desse imenso amor e após 10 anos juntos, faltava algo. Sua esposa não podia ter filhos...

Decidiram partir para a adoção. Roberto, nesse momento, apontou para sua filha Caroline, dizendo: "Você foi a escolhida por sua mãe". Caroline, a filha mais carinhosa com aquele pai, na verdade, descobria naquele instante que não era filha legítima. Ela, com os olhos cheios de lágrimas, apenas abaixou a cabeça e continuou a ouvir... O pai olhou para a outra filha e disse: "Ana, minha filha, depois de dois anos da adoção de Caroline e motivado pelo tratamento que sua mãe realizava com a esperança de ter um filho, arriscamos tentando aquilo que sua mãe mais sonhava. E, apesar de eu não concordar com ela e nem com aquilo que os médicos afirmavam quanto a verdadeira possibilidade de sua gravidez, tudo deu certo e você nasceu perfeita".

Roberto, emocionado, olhou para seu filho Fernando e continuou sua confissão: "Como tudo tinha dado certo, resolvemos tentar mais um filho e assim, Fernando, você nasceu. Mas no dia do seu nascimento, sua mãe não agüentou as complicações na hora do parto e acabou morrendo naquela cama".

Apesar da saudade que aquele pai tinha de sua mulher, sua dor era bem maior, pois sentia-se culpado pela morte da mulher por ter permitido e aceitado mais uma vez a tentativa de um novo filho.

Olhando para Fernando, seu filho, Roberto disse: "Na hora do parto e apesar das dores e dos riscos, sua mãe disse sim à sua chegada. E não suportando mais disse não à vida dela".

Com esse desabafo, Roberto dizia aos filhos que passou a viver a fascinação por uma saudade, não querendo outro amor em sua vida, porque seu amor nunca havia terminado. Tentou ser para eles pai e mãe ao mesmo tempo, sempre com a imagem daquele sorriso de felicidade de sua inesquecível mulher. Roberto sempre soube que seu amor para com aqueles filhos teria de ser do tamanho do SIM dado por sua esposa.

Um amor que aquele pai não podia deixar de contar a eles. Ao mesmo tempo, pediu aos filhos que, daquele dia em diante, fossem mais unidos, deixando sempre o coração mostrar o caminho a seguir.

Passados alguns dias, Roberto faleceu. Três meses depois, nascia o filho de Ana. Uma menina, à qual deram o nome de Maria.

Ana, como sua mãe, também disse sim à vida. E naquela maternidade, ao lado dos irmãos, Caroline e Fernando[5], felizes com o nascimento de Maria, perceberam que o pai estava certo: o coração mostrou o caminho da felicidade, da nova vida.

Laços Eternos

Tudo começou quando Marta descobriu que estava grávida. Foi um momento de muita felicidade para ela. Seu marido, João, a

---

5. Fernando, o filho, foi quem fez o relato dessa sua emocionante história a mim, durante o Encontro de Jovens que ocorreu no bairro do Jaraguá, em 1995.

acompanhou na alegria quando soube da notícia. Os dois viveram momentos de pura felicidade à espera daquela criança.
E foi ainda dentro de sua barriguinha que a criança começou a emocionar aquela mulher. Os primeiros movimentos no ventre, dando aqueles seus "chutinhos", fizeram sua mãe estremecer de alegria. E, nessa hora, verdadeiramente, ela percebeu que trazia uma vida dentro dela.
João, o pai, encostava suas mãos na barriga da mulher e dizia: "Mexa, filho, que o pai também quer sentir!". E, como num passe de mágica, a criança movimentava-se, fazendo ondulações que emocionavam o pai até as lágrimas rolarem.
Por causa daquele filho, que ainda estava na barriga, pai e mãe voltaram a namorar. Pois nessa hora, não havia a discussão sobre o pagamento do aluguel, da água, da luz. O que importava para os dois era saber se aquele filho teria os traços da mãe ou do pai. O pai dizia que aquela criança seria tão linda quanto a mãe, e ela, por sua vez, dizia que ela seria como o pai, charmoso e bom. Eram momentos felizes na espera daquele filho.
Durante os nove meses, a mãe cuidou-se. Parou de fumar, tomou as vitaminas que o médico receitou, nas horas certas, tudo porque ela percebeu que seu papel era importante para que seu filho viesse com muita saúde.
Então, chegou o grande dia. O dia do nascimento daquele filho, que foi para eles uma vitória. A vitória do sacrifício, a vitória, acima de tudo, do fruto daquele amor, que era aquela criança. Celebraram a vitória da vida.
Com certeza, foi aquela mãe que recebeu das mãos do médico ou enfermeira seu filho, dando-lhe o primeiro beijo de boas-vindas e dizendo a ele "eu sou a sua mãe". Em seguida, ela o apresentou ao mundo e ficou feliz, por ele ter nascido perfeito. Valeu o sacrifício. Valeram as dores e todas as dificuldades até a sua chegada.
Naquele mesmo dia, quando o pai pegou a criança em seus braços pela primeira vez, as pernas dele tremeram de emoção. Foi aí que ele percebeu o quanto era homem de verdade, pois homem de verdade não é aquele que bate mais forte. Não é aquele que fala mais alto. Homem de verdade é aquele que tem o privilégio em sua vida de, um dia, ter em seus braços uma criança e ao olhar para aqueles olhinhos poder dizer: "Eis aqui meu filho!". Para poder chamar uma criança de filho, tem de ser muito homem.

Quando João e Marta foram com seu filho para casa, receberam as visitas dos amigos e parentes, entre eles, vovô, vovó, tios e tias, e cada um que olhava aquela criança no berço, dizia: "Que criança linda!". Outros falavam que ele parecia com a mãe ou com o pai. E os pais enchiam-se de orgulho e alegria.

Aquele berço foi colocado no quarto do casal, até porque, se aquele filho tivesse alguma coisa, um simples espirro, lá estaria a mãe, 24 horas perto do seu bebê. Se ele tivesse algo pior, aquele pai se encarregaria de o levar ao hospital mais próximo. Mas essa nossa história não é marcada apenas pelas dores e dificuldades. Houve, com certeza, momentos que se tornaram inesquecíveis para os olhos daqueles pais, momentos que aquela pequena criança proporcionou. Como, por exemplo, no dia em que resolveu andar. Ela estava segura por sua mãe, no canto da sala, e encaminhou-se até os braços fortes de seu pai no outro canto da sala, dando assim seus primeiros passos em sua vida. Ou ainda no dia em que aquele filho olhou para o rosto daquela mulher e pela primeira vez disse: "Mãe". Ela jamais conseguiu esquecer esse momento. Ou quando ele olhou para o rosto daquele homem e conseguiu dizer: "Pai!". Não é possível esquecer isso. Quem é verdadeiramente pai e mãe vive a cada dia dessas maravilhosas lembranças.

Mas o tempo passa e esse filho vai crescer. E hoje é capaz de chegar em casa, vindo da escola ou do trabalho, passar por sua mãe naquela cozinha e não pegar o avental que está caído no chão, porque ele tem pressa de voltar a sair de casa para poder ver seus amigos ou sua namorada. Sua mãe, como sempre, repara que ele está se arrumando e pergunta: "Você não vai jantar antes de sair?". E o filho responde que não, que não vai demorar na rua. E novamente sua mãe acredita nele, mas fica esperando sua volta, como sempre até mais tarde, sem dormir. E quando aquele filho retorna, sua mãe pergunta se ele comeu alguma coisa lá fora: "Quer que eu esquente a janta para você?". Essa é sua mãe.

Aquele filho, às vezes, pergunta para sua mãe, antes do jantar, se o pai já jantou, porque ele não agüenta mais sentar ao lado dele na mesa. Toda vez que isso acontece, seu pai vem com uma porção de perguntas, que ele fica nervoso e nem consegue comer direito. E aí ele reclama para a mãe, que não gosta de sentar para comer ao lado de seu pai, que vive perguntando se ele foi tirar as fotos que o pai pediu... se foi levar os documentos no local que ele mandou... se foi ao banco pagar as contas que o pai deixou. "Sabe, mãe, são tantas cobranças na hora que eu estou comendo, que, por causa disso, não sinto vontade de sentar à mesa ao lado dele." E só de pensar assim, com relação ao pai, aquele filho tem que ser muito homem. Talvez aquele pai mereça ouvir isso. Mas, na maioria das vezes, é o filho que está enganado e não entende por que seu pai age dessa forma, que, na verdade, não é chamar a atenção, e, sim, despertar o filho para a responsabilidade.

Aquele pai que, quando chega em casa, pergunta a sua mulher: "Onde está nosso filho?". E ela responde: "Não sei... deve estar na casa do nosso vizinho, porque lá tem um computador, que você, pai, não pôde comprar para ele. Então, ele passa a maior parte do tempo lá, jogando e estudando". E, quando mais tarde, esse filho chega em casa, encontra seu pai dormindo no sofá. Mesmo assim, é capaz de ele passar pelo pai ali deitado e não cutucar seu "velho" para que vá dormir na cama. O filho passa pelo pai e vai dormir o sono dos anjos.

No dia seguinte, quando aquele filho acordar, seu pai ou sua mãe já saíram mais cedo para trabalhar, e, mais uma vez, eles não se falaram.

Até quando vão conviver assim? Quando é que aquele filho vai chegar perto de seu pai e dizer: "Sabe, pai, eu fico até mais tarde na casa do vizinho, porque lá tem um computador, que eu sei que o senhor não pode comprar para mim. Eu sei o quanto o senhor trabalha para garantir nossa vida. Mas fique sabendo que eu tenho muito orgulho do pai que tenho, porque reconheço o sacrifício". Como seria bom que os filhos fossem assim, reconhecendo o sacrifício de um pai, de uma mãe. Porque é claro que quando aquele filho nasceu, como todos nesse mundo, os pais imaginaram poder dar o melhor para ele em toda a sua vida. Mas, às vezes, a vida não foi tão boa assim com aqueles pais, e hoje eles não podem dar ao filho tudo o que sonharam um dia. E se tem uma palavra que mata os pais aos poucos é frustração. Frustração de não poder dar ao seu filho uma boa escola para estudar. Frustração de ver um amigo de seu filho com um tênis caro e que aquele pai não pode comprar. Frustração de, na festa de 15 anos de sua filha, não poder dar a ela o que, na verdade, ela tanto esperou ou sonhou. Frustração de não poder levar em médicos e dentistas com freqüência, porque é caro demais.

Mas, para os pais, o que importa é, um dia, aquele filho reconhecer que, apesar de tudo, não faltou o amor, que ele não encontra-

rá na rua e em ninguém. Um amor capaz de fazer aquele pai ter tanta responsabilidade, a ponto de, mesmo doente ou com dores, seguir para o trabalho demonstrando estar sempre bem.
Quando foi que você viu seu pai ou sua mãe em uma cama doente? Alguém se lembra? E o que você, filho, fez por eles?
Sabe, gostaria de perguntar, nessa sua leitura, se você tem esse pai. Gostaria de perguntar, nessa sua leitura, se você tem essa mãe. E, finalmente, se você sabe a falta que faz quando um vai embora daquela casa.
Às vezes, esse filho é covarde, porque, um dia, ele encontrou seu pai discutindo com sua mãe na cozinha. E, em vez de saber o que acontecia, resolveu, como se fosse criança e incapaz, trancar-se no quarto, ou até mesmo sair da casa, esperando a briga terminar. Pura covardia. Quando a briga acabou, sobrou até para ele, porque, naquele dia, seu pai resolveu ir embora, acabou separando-se de sua mãe. E hoje aquele filho sente a falta desse amor e fica dividido. Quando a briga acabou, seu pai bateu em sua mãe e ele carrega até hoje essa mágoa. Mas se aquele filho não fosse covarde, quem sabe, seu pai estaria morando naquela casa ainda. Quem sabe, teria evitado aquele tapa em sua mãe. Porque, com sua simples presença, ou questionando o que estava acontecendo, eles, pelo amor que têm em comum pelo filho, teriam evitado certos exageros naquela discussão. Acredite.
Alguns poderiam alegar que não são filhos felizes, porque o pai se embriaga, é alcoólatra, maltrata sua mãe e que eu não sei o que estou dizendo. Mas, então, para aqueles que têm em sua casa algum tipo de problema não custa perguntar: "O que você, filho, já fez?". Já encarou seu pai em uma dessas crises e sem medo perguntou: "Por que é que o Senhor bebe tanto?". Se você já fez isso, continue fazendo, porque a resposta que você quer é aquela que saia dos gestos dele e não de sua boca. Insista. Interfira na vida de seu pai ou de sua mãe, salve-os, porque, com essa corajosa atitude de filho, eles poderão se recuperar, sentirão, com certeza, que o filho agiu em suas vidas.
Mas nessa história nenhum filho escapa, nem mesmo você, que se acha o mais perfeito. Voltando um pouco na memória, poderia lembrar de fatos por que todos os jovens, filhos ou filhas, já passaram em um relacionamento nada amistoso com os seus pais.

Quanto tempo faz que você não fala com seu pai ou com sua mãe? Você lembra? Quanto tempo você ficou sem falar com seus pais por uma atitude que o desagradou?

Um dia, aquele pai ou aquela mãe chamou sua atenção, na frente de seu namorado, ou sua namorada, ou ainda diante de algum amigo na porta de sua casa. E você, claro, não gostou e resolveu ficar sem falar com seus pais, como forma de castigo e de mostrar sua raiva contra aquela atitude.

Mas você não definiu o que queria, porque os dias foram passando e você esqueceu de perdoar seus pais por tudo aquilo. Ficou praticamente uma semana ou mais sem falar com eles. Que exagero! Sabe o que aconteceu com eles nesses dias? Você, que já passou não sete dias, sem falar com seus pais, mas apenas um dia sem falar com eles, sem perdoar, sabe o que aconteceu nesse dia?

Então, faça um favor a você mesmo, volte essa história do seu começo, porque até agora você não entendeu nada.

Você que está lendo esta história lembra-se de quantas vezes sua mãe ou seu pai o perdoou? Quantas vezes disseram para você: "Não foi nada, filho... Deixa que eu falo com seu pai... Deixa que eu arrumo tudo isso... Deixa que eu falo com seu professor... Deixa que eu resolvo...". O que você está esperando para recomeçar sua vida, junto às pessoas que mais o amam?

Um dia, aquele filho ficou doente e os médicos disseram que era grave, e que ele deveria ficar internado naquele hospital por pelo menos uns 20 dias.

E foi durante esses dias que esse filho percebeu quem realmente o ama. Porque na hora de sua dor, aquele seu melhor amigo não foi tão amigo assim, porque durante aquele período de internação, ele apenas ligou uma ou duas vezes. Que aquele namorado que diz a toda hora que a ama demonstrou que não ama tanto assim, porque na hora da dor ele também desapareceu. Que o professor da escola em que estuda, e de quem você gosta tanto, não teve tempo de visitá-lo um dia sequer.

E foi assim que esse filho descobriu quem realmente o ama de verdade. Porque naqueles longos dias de internação no hospital, tratando de sua doença, ele percebeu que sua mãe, seu irmão... estiveram ao seu lado todos os dias. É um amor diferente, um amor que não se encontra na rua. Porque lhe deram as mãos e disseram que ele ficaria bom e curado. E aquele filho acreditou nas palavras de seus pais, que ele iria ficar bom, porque sempre foi assim desde pequeno. É um amor que não tem tamanho. Na hora da dor daquele filho, aquela mãe desesperada desafiou a Jesus e pediu a ele: "Meu Jesus, leve a mim, mas deixe meu filho sobreviver. Salve meu filho". Não existe um amor maior do que este. Da mãe, que é capaz de trocar a sua vida pela saúde de um filho.

Assim, você também deve imaginar a falta que faz quando esse filho não tem pai ou mãe. A falta de quando um só vai embora daquela casa. Vai percorrer o mundo todo atrás de um pai igual ou de uma mãe, e não vai achar.

Não importa quem seja seu pai. Não importa quem seja sua mãe. Não importa onde eles estejam neste instante. O que importa é que eles sempre serão seus pais.

Se eu parar para pensar e tiver de me lembrar de meu pai, eu diria que hoje lhe pediria perdão das coisas que lhe fiz como também lhe perdoaria as coisas que me fez. Meu pai que, um dia, descobri que era o Papai Noel da minha vida. Que trazia, naquele saquinho vermelho, os brinquedos que eu tanto queria. Porque, depois que eu cresci, meu pai não volta a ser Papai Noel, não para trazer brinquedos agora, mas sim para voltar a ser aquele pai, que eu sempre sonhei. Um pai amigo, companheiro, aquele que me espera da faculdade na porta de casa. Aquele que sempre me incentiva e que me cobra para ter um futuro melhor. Quantas coisas eu poderia escrever aqui, lembrando-me de meu pai. Como também você poderia escrever muitas coisas sobre seu pai nesse instante.

Se eu parar para lembrar de minha mãe querida, eu diria que demorei para descobrir que, como filho, tenho um tesouro em minha casa. Essa mãe que, em muitas noites em minha vida, acordou de madrugada e foi até meu quarto, colocar sobre mim aquela coberta, que eu havia esquecido de pegar naquela noite fria. E ela me cobriu mais uma vez e olhou para o filho que dormia, e pensou como ele crescia depressa. Minha mãe que faz aquela comida gostosa todos os dias, porque faz com amor para o filho. Minha mãe que me chamou para almoçar e naquele dia, quando sentei na mesa da cozinha, percebi que só havia um pedaço de bife como mistura e, então, eu perguntei se ela já havia almoçado. Ela respondeu que sim. Mas era mentira. Aquele pedaço de bife em meu prato era tudo que tinha em minha casa e ela deixou para que eu comesse. Então, eu me pergunto, quantas vezes ela já fez isso? Quantas vezes deixou de comer para que o filho se alimentasse? Quantas vezes deixou de ser feliz, para que o filho fosse? Essa é minha mãe, que me ensinou que dia dos pais não é em agosto e que dia das mães não é em maio. E, sim, todos os dias que eu voltar para casa depois de um longo tempo fora, e encontrar os dois vivos lá dentro. Todos os dias deverão ser comemorados, porque eles vivem e ainda estão ao meu lado.

Viagem

1999

Tudo pronto naquela sexta-feira, dia do embarque dos componentes daquele Encontro de Jovens da Paróquia da Santíssima Trindade, do bairro da Casa Verde. A viagem seria para a cidade de Campo Limpo Paulista, onde já havia sido reservado o local para receber, durante aquele fim de semana, as mais de 300 pessoas que fariam parte das equipes de trabalho.

O ponto de encontro de toda a turma não poderia ser diferente, foi no pátio da paróquia, onde, do lado de fora, os ônibus e os automóveis aguardavam nas ruas laterais.

Por volta das 19 horas, quase todos já estavam presentes, mas naquela noite o embarque que, costumeiramente, era feito com muita alegria e descontração foi marcado pela ausência de um colega que dois dias antes sofrera um acidente grave.

Ronaldo Benassi, na quarta-feira, quando retornava da escola, por volta das 23 horas, no cruzamento da Avenida Engenheiro Caetano Álvares com Rua Zilda, fora alvo de atropelamento. Socorrido e levado para o hospital mais próximo, foi constatado que Ronaldo teve ferimentos graves e por isso se encontrava em estado de coma.

Feridos com a notícia sobre o amigo, todos aqueles componentes do Encontro viajaram na expectativa da recuperação dele.

Na chegada à cidade de Campo Limpo Paulista, a ordem era para que todos tivessem no coração a presença de Ronaldo.

No dia seguinte e primeiro daquele Encontro, todos procuraram realizar sua missão como de costume e com muita alegria.

A noite chegou e logo após o jantar e os últimos afazeres que constavam do roteiro, o relógio marcava quase uma e meia da madrugada. Foi então solicitado para que todos se dirigissem aos dormitórios para o devido descanso.

Por volta das 2 horas da madrugada de domingo, o casal Eduardo e Wilma recebeu um telefonema da família de Ronaldo. A notícia dava conta que Ronaldo infelizmente acabara de falecer.

Ao receber a triste notícia, Eduardo e Wilma procuraram o casal Regis e Vanusa para comunicar o fato e decidir se aquele momento seria conveniente e ideal para o aviso das equipes de trabalho.

A decisão foi favorável para que todos fossem comunicados. Decidiram também que na Capela seria o lugar ideal.

Naquela noite fria de agosto de 1999, os jovens equipistas e casais participantes saíram de seus quartos envolvidos em cobertores e, já na capela, Eduardo teve a triste incumbência de passar a notícia da perda do amigo.

Tomado pela emoção, ele apenas conseguiu dizer: "O Roni foi embora". Apesar da grande tristeza que tomou conta dos corações daqueles amigos, foi entre um abraço e outro que todos buscaram conforto. Aquela emoção e tristeza pela perda do Ronaldo demonstrou acima de tudo o quanto ele era querido e o quanto sua morte mostrou que todos ali formavam uma grande e verdadeira família.

Mas outra decisão teria de ser tomada. Como conduzir após a perda daquele amigo o Encontro até o fim? Até porque a alegria que contagia os Encontros teria de continuar.

Aquela era, na verdade, a missão de todos: continuar o trabalho com alegria; e era com certeza o desejo de Ronaldo Benassi ou, intimamente, Roni.

E assim Jesus falou ao coração de todos. O Encontro chegou até o término. No seu encerramento naquele domingo, Regis e Vanusa, que apresentavam o Encontro, puderam comunicar aos encontristas a notícia e a superação que todos tiveram de ter para que tudo fosse como sempre e tivesse um final feliz.

Uma só é a certeza nesse momento: a de que o amigo Roni ficará para todo o sempre nos nossos corações.

Caminhos

Camila fez o Encontro de Jovens com Cristo em 1990, e logo em seguida começou a participar do grupo de juventude daquela paróquia. Com 16 anos, na época, Camila despertou pelo caminho da fraternidade ao lado daquela juventude.

Era filha de pai empresário do setor de calçados, José Antonio, que possuía duas lojas abertas na zona norte da cidade. Mércia, sua mãe, professora do 2º Grau, lecionava em escola particular também na zona norte da cidade. Sua irmã, Vera, de 19 anos, era estudante de Jornalismo. Essa era a família de Camila.

Com 16 anos, ela estudava no horário vespertino, cursando o 2º grau, e aproveitava as manhãs para estudar violão, até porque tinha o sonho de poder tocar nas missas e nos Encontros com o pessoal da animação.

Seus pai freqüentavam apenas as missas aos domingos e não participavam de nenhuma pastoral daquela igreja. Foi pelo interesse de Camila que eles passaram a participar.

Não demorou muito e os pais da jovem já estavam engajados em equipes de trabalho da paróquia. Mas foi na participação naquele fim de semana em que acontecia mais um Encontro de Jovens que tanto José Antonio quanto Mércia se emocionaram.

Eles foram convidados pela primeira vez para trabalhar na cozinha do Encontro e vibraram com o resultado. Nas reuniões que vieram a seguir, eles continuaram a aceitar o compromisso da doação.

Para Camila era motivo de felicidade ver seus pais participando dos Encontros, bem como nas atividades da paróquia.

A felicidade daquela família só não foi completa porque Vera, a filha mais velha, que já completara 21 anos, não queria nem saber da Igreja. Foram várias as tentativas de aproximá-la das atividades, nas festas juninas, nos bingos, nas noites de pizza, e ela não aparecia. Mas Vera tinha um crédito dos pais, pois agora estava no terceiro ano da faculdade de Jornalismo e quase não tinha tempo para nada.

Um certo dia, ajudando na limpeza de sua casa, Camila entrou no quarto de sua irmã para guardar algumas peças de roupas. Ao abrir uma das gavetas, Camila observou a existência de uma caixa de preservativos masculinos ao lado de um maço de cigarros. Camila pensou se contaria isso para sua mãe, afinal todos naquela casa sabiam que Vera não fumava e que não tinha namorado. Mas Camila resolveu manter segredo de sua descoberta.

Dois meses depois desse fato, José Antonio teve um problema no joelho, que o afastou do trabalho por quase 50 dias. Os médicos recomendaram repouso total, e assim ele evitou de estar presente em suas lojas, pedindo que Vera passasse por lá, nos horários livres, para o fechamento dos caixas.

Nesses dias em que José Antonio estava de repouso, dentro de sua casa, foi percebendo algo que com sua correria do dia-a-dia não foi capaz de notar. As atitudes de Vera chamaram a sua atenção.

Ela começou a fumar e a chegar em casa mais tarde. Nos fins de semana, saía para se divertir com as amigas da faculdade e chegava em casa ao amanhecer.

Antes de retornar para o trabalho, após sua recuperação, José Antonio resolveu aproveitar um jantar, no qual estavam suas duas filhas e sua esposa, para debaterem o assunto que tanto o atormentava. De início, perguntou para Camila se estava tudo bem. E ela respondeu que sim, tanto na escola como na sua participação com o pessoal da Igreja. Depois ele resolveu fazer a mesma pergunta para Vera, que respondeu apenas estar tudo certo.

Não satisfeito com a resposta e com o intuito de descobrir algo mais, ele disse que se sentiu surpreso quando soube que Vera havia começado a fumar. E ela apenas respondeu que teve vontade e pronto.

Os pais de Vera sabiam que ela não era assim, com respostas não inteligentes. Alguma coisa estava acontecendo.

Camila, após aquele jantar, resolveu contar para sua mãe o que tinha visto na gaveta da irmã algum tempo atrás, até mesmo a caixa de preservativos masculinos. Mércia teve uma surpresa, pois, pelo que ela sabia, sua filha não estava namorando.

Os pais de Vera começaram a tentar fazer um acompanhamento dos passos da filha e, nos dias que vieram a seguir, descobriram que ela estava envolvida com uma turma da faculdade que a envolvera de uma tal forma que transformou seu comportamento, até então exemplar.

Em uma madrugada de sábado para domingo, José Antônio acordou e foi até o quarto de Vera e notou que, apesar de o relógio marcar mais de 4 horas, ela não havia retornado para casa. O pai resolveu esperar acordado o retorno de sua filha, que só aconteceu uma hora e meia mais tarde. Ele ouviu um barulho de automóvel e olhou pela janela, percebendo que era Vera quem chegava, ao lado de um rapaz. José Antonio viu quando ela deu um beijo no rapaz antes de sair o carro.

Ao entrar em casa, Vera percebeu a luz da cozinha acesa e foi até lá, encontrando seu pai ali sentado. Ele perguntou à filha: "Quem é esse rapaz?". E Vera respondeu ser um amigo. Seu pai insistiu: "Mas eu vi vocês se beijarem". E Vera corrigindo sua resposta anterior disse que ele estava tentando namorá-la.

Mas, na semana seguinte, José Antonio teve o mesmo procedimento. Acordou perto das 4 horas da manhã e novamente esperou sua filha. Ao se aproximar as 6 horas, outra vez ouviu um barulho de carro em sua porta. Ele foi à janela e percebeu que o carro já não era igual ao da semana passada e, o pior, nem o rapaz.

Vera entrou em casa e seu pai, sem ter paciência, foi para cima dela exigindo uma explicação. Sua filha disse que isso era normal. Um dia estar com um cara e, no outro, estar com outro diferente. Mas seu pai não achou normal e disse que isso era coisa de vagabunda e que ela não era assim.

Querendo acabar com o assunto, a filha disse ao pai: "Pense o que quiser, eu vou dormir". Mas ele a segurou pelos braços e olhando cara a cara percebeu seus olhos vermelhos e arregalados. "Você está usando drogas?", perguntou o pai à sua filha. Ela não respondeu. Mas ele insistiu: "Responda, minha filha, você está usando drogas?". Vera então escapou dos braços do pai e correu para o quarto.

Na manhã seguinte, seu pai deixou de ir à missa, esperando que sua filha acordasse, para que pudessem conversar a respeito da noite anterior. Mércia disse ao marido que gostaria de ficar para saber o que sua filha iria falar, mas José Antônio achou que seria melhor que ela acompanhasse Camila até a Igreja e que ele tentaria conversar com Vera.

Vera acordou e percebeu que seu pai a esperava para conversar. Assim, ela tentou enrolar, tomando um banho e fazendo hora em seu quarto. Não demorou muito, e José Antoônio, angustiado e ansioso para saber o que se passava com ela, foi até o seu quarto.

Vera disse ao pai que estava envolvida com algumas pessoas que lhe mostraram um caminho diferente. E que desse caminho já estava se tornando difícil sair. Seu pai queria entender melhor e pediu que ela fosse mais clara. Vera, então, confessou estar realmente usando drogas.

Sentados naquela cama, no quarto de Vera, ela continuou dizendo ao pai que já estava sentindo falta de usar e que ele não seria capaz de fazer nada para mudar aquilo.

José Antonio chorava enquanto Vera contava todos os detalhes. Só pensava no que ele teria feito de errado para que uma de suas filhas estivesse naquela situação.

Naquele mesmo dia, José Antônio dividiu com sua mulher os problemas de sua filha que, por sua vez, contou à Camila. E, assim, aquela família decidiu dedicar-se na tentativa de recuperar Vera.

O tempo passou e José Antônio foi consultar especialistas que pudessem melhor explicar esse problema que ele começava a enfrentar, na tentativa de salvar sua filha. O que fazer? Proibi-la de sair de casa? Não permitir que ela fosse para a faculdade? Interná-la em alguma clínica? Eram tantas as dúvidas daquele pai que sua cabeça começaria a ficar perturbada.

Vera, em suas saídas de casa, continuava a correr atrás das drogas, indo ao encontro das mesmas pessoas que ela sabia possuir o que ela precisava.

José Antonio foi orientado que deixasse de dar a mesada para sua filha. Mas isso poderia fazer com que ela viesse a furtar sua própria casa para obter o que queria.

Ele decidiu fazer a experiência e correr todos os riscos. Passou a não dar mais dinheiro algum para sua filha e avisou sua esposa e sua filha Camila, para que ficassem de olho no que Vera seria capaz de fazer.

Vera chegava a um ponto insustentável de precisar usar aquela droga para se acalmar, mas mesmo assim era consciente a ponto de saber que não poderia roubar sua própria casa. Ela conheceu então um rapaz chamado Alceu, apresentado por um amigo que morava em um apartamento no centro da cidade. Lá conseguiria o que ela tanto queria.

Em sua primeira visita, naquele endereço, Vera levou algumas de suas jóias, que havia ganhado dos padrinhos e dos pais durante sua vida para poder pagar aquilo que consumia.

Sua família continuava tentando descobrir um meio de poder salvá-la. José Antônio prosseguia na pesquisa sobre o assunto para combater de maneira eficaz a ponto de não perder ainda mais a "guerra" contra as drogas e o contato com sua filha.

Enquanto isso, a situação de Vera tornava-se delicada. Precisando mais uma vez visitar Alceu, fornecedor daquilo que ela necessitava. Vera, uma garota agora com 22 anos, bonita e charmosa, e sem ter o dinheiro para pagar o que queria consumir, começou a chorar e a se desesperar. Alceu olhou para aquela garota e disse que ele aceitaria outro tipo de pagamento. Vera perguntou o que era e Alceu respondeu: "Quero seu corpo como pagamento daquilo que consumir". Vera, assustada e sem raciocinar corretamente por causa da sua necessidade, disse "sim". E naquele mesmo dia, ela se entregou ao traficante.

José Antônio, com o passar do tempo, ficou inquieto, pois estava sabendo que ela continuava a consumir drogas e ele não entendia como pagava o que adquiria.

Mas, um dia, Vera apareceu em casa chorando e com algumas marcas em seu corpo. Sua mãe tentou saber o que estava acontecendo e mesmo assim ela não quis dizer. Mércia, assim que José Antônio chegou em casa, foi logo contando o que tinha visto.

Seu pai resolveu segui-la, quando ela novamente foi procurar Alceu, naquele apartamento. E acabou por descobrir onde era exatamente o local que sua filha buscava o que precisava. Sua dúvida passou a ser como agir e como entrar naquele prédio. Mesmo que pudesse entrar, não saberia identificar em qual apartamento a filha estaria. Resolveu desistir da idéia de entrar no prédio e retornou para casa.

Naquela noite, José Antônio não conseguiu dormir. Ficou pensando em como agir rapidamente no caso que o atormentava. Ao mesmo tempo que chorava, ele pedia forças a Jesus. Suplicava que Ele o iluminasse em sua decisão. Decisão essa que precisaria ser compreendida por sua esposa e por Camila, sua outra filha.

José Antônio, alguns dias depois, começou a agir por conta própria. E foi em uma tarde de sexta-feira que ele teve a ousadia e a coragem de chegar até aquele apartamento onde sua filha costumava buscar as drogas.

Ele foi corajoso em sua tentativa. Conheceu Alceu e disse que ele estava ali para tentar tirar sua filha dessa vida, e pediu que aquele rapaz entendesse. José Antônio disse a Alceu que ele não chamaria a polícia. Só queria que ele lhe desse uma explicação de como sua filha teria pagado aquilo que ela consumia, já que não recebia nenhum tipo de ajuda financeira para tal e que não roubava nada de casa.

Alceu, depois de fazer uma série de perguntas para aquele pai, tentando confirmar sua confiança, revelou aquilo de que ele já desconfiava: sua filha, desesperada e sem dinheiro, vinha se entregando sexualmente a ele e a alguns amigos. Apesar do choque da confirmação, José Antônio, buscando a força que pediu a Jesus, solicitou a Alceu que, da próxima vez, ao entregar drogas à filha, não a deixasse fazer o que vinha fazendo como pagamento. Prometeu pagar tudo o que ela consumisse.

Naquele dia, ao sair daquele endereço no centro da cidade, José Antônio foi direto à igreja. Lá ele agradeceu a Deus por achar ter conseguido dar um passo importante na recuperação de sua filha. Rezou novamente pedindo forças para continuar com seu objetivo.

Em uma certa noite, José Antônio foi até o quarto de Vera e ali começou a conversar com a menina, revelando que ele, havia estado com o fornecedor e que já sabia de tudo. Nessa hora, Vera não conseguiu mais levantar os olhos para o pai. Começou a chorar e ouviu do pai: "Vou tirá-la dessa vida, minha filha. Custe o que custar. É só você desejar sair dessa situação, que já estará me ajudando a salvá-la". Ela abraçou o pai demonstrando que desejava que ele fizesse alguma coisa. E naquele abraço José Antônio pediu que, quando ela sentisse vontade de usar novamente a droga, o avisasse.

Foi assim que aconteceu quando Vera se sentiu fraca e desesperada para voltar a usar drogas. Procurou o pai e, nessa hora, juntos, foram ao apartamento de Alceu.

Ao chegar no local, Vera imaginou que a companhia de seu pai fosse apenas para pagar o que ela iria consumir. Mas ele entrou junto com ela, deixando Vera apreensiva e meio sem jeito pelo fato de o pai estar perto. Mesmo assim, dependente que estava em usar o que seu organismo pedia, Vera pediu que Alceu lhe desse rapidamente. Nesse momento, o pai olhou para os olhos dela e em seguida disse para o rapaz: "Eu também quero a mesma quantidade". Tanto Alceu quanto a filha ficaram surpresos. E sem que ela pudesse perguntar algo, aquele pai disse para sua filha: "Se é isso que realmente você quer, eu também vou querer, porque não há mais nada nessa vida que importe. Enquanto você, filha, estiver no chão, ficarei ao seu lado". O intuito, daquele pai, na verdade, era chamar a atenção da filha e conhecer o que realmente sentia uma pessoa nessa fase.

O resultado não podia ser melhor. Nos momentos de lucidez, a moça ficava imaginando como realmente era grande o amor daquele homem por ela. E foi assim que, aos poucos, Vera foi se transformando e ganhando forças para combater sua vontade. Em seus instantes de recaída, seu pai estava sempre ao seu lado e juntos lutavam contra o mal.

José Antônio foi percebendo a mudança a cada dia que passava, mas continuava atento, não deixando um minuto sequer de estar próximo da filha.

Ele levou Vera para trabalhar em uma das lojas para que ela pudesse se reanimar e assim, ao seu lado, a vigilância seria constante. O amor de Vera pelo pai era percebido em seus gestos, pois andava agarrada e abraçada a ele a cada instante. Mas José Antônio sabia que aqueles carinhos e abraços eram também movidos pela insegurança de sua filha.

O próximo passo foi conversar com Camila para que ela pudesse trazer para sua casa a alegria dos jovens daquela paróquia. José Antonio queria que Vera fosse rodeada de pessoas que pudessem lhe dar muito carinho e amor. Aquelas reuniões de alegria na residência de José Antônio tornaram-se constantes. Sua esposa preparava salgadinhos e sucos servidos com muito amor. E para Camila a felicidade era ver a irmã recuperada e ao seu lado.

No dia 15 de junho de 1995, data em que José Antonio completava mais um ano de idade, suas filhas lhe deram de presente o que aquele pai jamais vai esquecer. Nesse dia, Vera e Camila casaram-se. Camila com um rapaz que conheceu na faculdade e Vera com um rapaz do grupo de jovens, que ela conheceu em casa.

Os caminhos são muitos... você escolhe qual.

O Tempo Passa

Deixe um pouco suas preocupações de lado. Esqueça por um instante o tumulto dos seus pensamentos e deixe de lado o seu cansaço. Desligue o computador, a TV ou o rádio. Dê um minutinho a Deus. Abra seu coração e repouse nele.

Entre num quarto e não deixe nada entrar aí, exceto Deus. Tranque a porta e ponha-se à Sua procura.

Jesus e o Amor/ O Amor e Jesus

Quando amamos, nossa vida toma sentido.
Se a família fracassou no mundo, é porque faltou amor.
Cristo é um desafio.
A grande e verdadeira alegria é conhecer Jesus e fazer com que os outros O conheçam.

Rodolfo —
Sta. Terezinha —
Jaçanã
"Preocupação constante com os jovens."

O destino do homem decide-se na Terra. Ainda há esperança. Jesus é quem tem orado aos homens e não tem sido atendido. O meio de ter Jesus é não O ter. Somos mais fortes na espera do que na posse.

Um homem que espera é homem feito para o futuro.

Cristo é rei e nós somos reis com Ele e como Ele.

O mérito é a obra de graça e não retribuição de um esforço.

Cada oportunidade nova na vida é um aprendizado na arte de viver.

No Encontro com Cristo, na verdade, é Ele quem sai ao nosso encontro quando queremos conhecê-Lo.

A caridade é um gesto que tem possibilidades de fazer Jesus realizar Seu projeto de amor aqui na Terra.

As pessoas alienadas não reconhecem a identidade de Cristo que só a fé pode revelar.

Tudo o que perturba seu coração provém da vacilação em crer.

É servindo ao próximo que reconhecemos a igualdade no amor.

Não endureça seu coração por mais preocupações que você tenha. Assim, continuará acreditando.

Precisamos nascer todos os dias para estarmos novos ao chamado de Jesus.

Deus nos ama. Esse amor salva o mundo. Acreditar nesse amor fará você conhecer a verdade.

Entre tudo o que nos alimenta há um pão que pode nos fortalecer.

Vivendo a verdade, ela lhe trará aquela paz que Ele diz ser sua. "Minha paz".

A alegria é o distintivo do cristão. Quem ama tem sempre o coração alegre.

O amor gera a própria vida. O amor é forte, produz frutos e Jesus de tudo nos dá, exigindo em troca esse amor.

A palavra de ordem para quem crê é coragem.

Dizer a alguém "eu o amo" é estar à disposição para servi-lo com fidelidade.

Quantas vezes na vida a vitória aconteceu justamente porque sua fé foi mais forte? Para quem crê, tudo é possível.

O ato mais corajoso do homem é a oração. E é pela oração que encontramos a força que vem de Deus.

Nem sempre devemos julgar mal aqueles que excluímos de nosso convívio. Todos têm direito à salvação.

Não se pode dizer que alguém tem fé, pelo simples fato de defender algumas idéias religiosas.

Poucas pessoas compreendem que é um ato de amor suportar as fraquezas dos outros.

Recomeçar a vida.

Prever um futuro em que o mal não tenha vez. Essa possibilidade encontra-se no perdão.

Idolatria: é a busca de uma religião que nos satisfaça e não que nos converta.

O homem que se une a Cristo por amor é capaz de vencer a escravidão.

Ser o primeiro ou o último depende mais da justiça e do amor do que do lugar e posição.

Muitos acreditam que fugindo da cruz fogem da dor.

É essa cruz que abre totalmente a alma para o amor. O amor que muitos procuram, mas não têm.

A pedido de Jesus podemos salvar uma vida como bons médicos, receitando e dando um remédio: o amor.

Entender o amor, possibilita-nos perceber que percebemos nossa vida quando estamos distantes dele.

O mundo está cheio de "crentes" que justificam sua capacidade de amar.

Siga o ritmo de Jesus, pois há um lado da vida a ser descoberto: basta entrar nessa dança.

Saudades do Encontro de Jovens com Cristo

Atributos: Humildade, Lealdade, Felicidade, Carinho, Respeito, Dignidade...

Residência da Família do EJC

Dentro da Casa da Família do EJC, nós criamos algumas portas, que significam os nossos sentimentos pelas pessoas que fizeram e fazem parte desse nosso trabalho voluntário dedicado à juventude. É claro que possivelmente esqueceremos de alguns dos muitos amigos, que através dos tempos participaram conosco dessa maravilhosa batalha a favor de uma juventude mais sadia e cristã. Assim, aproveito para antecipadamente pedir desculpas a todos que, porventura, não tenham seus nomes referenciados neste espaço.

Quero agradecer aos mais diversos Encontros de Jovens, que convidam o "Paulinho" para participar como palestrante e dizer que me sinto orgulhoso de poder ter tantos amigos, e, a partir deste livro, honrá-los, com minha admiração da coragem, dedicação e amor ao Nosso Senhor Jesus Cristo.

Vou aqui, neste espaço, citar vários nomes destes amigos inesquecíveis, que, por certo, não precisariam que assim fosse. Mas ficarão, por meio deste livro, que é todo nosso, imortalizados. Desta vez, realizarei meu sonho, que sempre foi o de unir essas pessoas, e agora tenho essa tremenda oportunidade de revelar seus nomes.

Em cada porta desta Casa da Família do EJC, você irá encontrar uma palavra, que irá identificar o nome daqueles que estarão, com certeza, reunidos nela. Não importa se a porta seja da Saudade, da Alegria, da Coragem, da Santa Família, das Lembranças, da Caridade ou da Galera. O importante mesmo é que todas essas pessoas viveram as mesmas emoções e hoje comemoram, com certeza, o prazer da obra realizada.

Meu amor e carinho a todos aqui citados e aos que, no futuro, estarão juntos fazendo parte dessa nossa grande família.

Agora você pode entrar.
Sinta-se em casa.

Sala da Saudade

Nesta sala, vamos encontrar os nomes das pessoas que participaram dos Encontros de Jovens e que, infelizmente, vieram a falecer. Orientadores, palestrantes, dirigentes, jovens, pessoas que guardaremos para sempre em nossos corações.

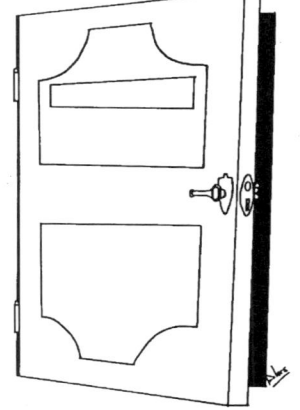

ANDRADE	†	Dirigente/Setor Vila Medeiros/caridade
ANDRÉ	†	Paróquia Bom Jesus de Piraporinha/união
ARILTON	†	Dirigente/Jd. São Paulo/caridade
CÉLIO	†	Paróquia Bom Jesus de Piraporinha/paz
CÍCERO	†	Equipe/Santa Rita/Parque Novo Mundo/amigo
CLEIDE	†	Dirigente/Arthur Alvim/vida

CRISTIANO	†	Guarulhos/Paróquia S. Pedro Apóstolo/carinho
DINARTH	†	Jd. São Paulo/alegria
EDILSON	†	Palestra/J.B.C./coragem
EDU	†	Equipe/Setor Vila Medeiros/felicidade
EDUARDO	†	Dirigente/Mandaqui/dignidade
ENEAS	†	Palestrante/humildade
ERC AYALA	†	Rádio Bandeirantes
FÁBIO & JAQUELINE	†	Paróquia Bom Jesus de Piraporinha
JAMIL	†	Dirigente-fundador/Sta. Terezinha/perdão
IÊ	†	Violeiro/animação/Santa Rita/Parque Novo Mundo/paz
MARIA JOSÉ	†	Equipe/Parque Cecap/Guarulhos/simplicidade
MARTA	†	Palestrante/perseverança
MICHEL	†	Paróquia N. Sra. Aparecida/Jd. São Paulo/amor
MOACIR	†	Paróquia N. Sra. Candelária/T.B.C./carinho
NATALE	†	Palestrante/alegria
PADRE GUILHERME	†	Dirigente Espiritual/Mandaqui/amor
PADRE JULIAN	†	Guarulhos/Paróquia S. Pedro/coragem
PADRE PAULO STRAUSS	†	Paróquia S. Onofre/J. Danfer/paz
PADRE QUINTILHANO	†	Paróquia N. Sra. Aparecida/Jd. São Paulo
PALMIRA	†	Jd. São Paulo/emoção
PETRALHA	†	Paróquia Santíssima Trindade/Casa Verde
RENATO	†	Guarulhos/Paróquia S. Pedro Apóstolo/alegria
RODRIGO CHIESA	†	Jd. São Paulo/alegria
RONALDO BONASSI	†	Paróquia Santíssima Trindade/Casa Verde
SEIKE	†	Palestrante/entusiasmo

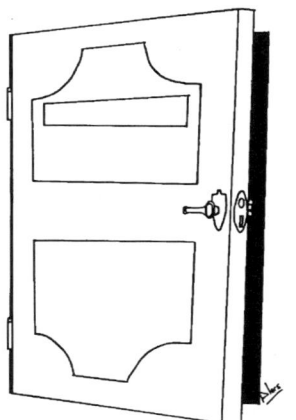

SUZANA	† Paróquia São Roque/Pq. Cecap/ Guarulhos/verdade
TONINHO MAGALHÃES	† Guarulhos/Paróquia S. Pedro/paz
VIRGÍLIO	† Equipe/Setor Vila Medeiros/amigo

Sala da Santa Família

Encontraremos nesta sala pessoas, que são exemplos de família, tanto em casa como no trabalho voluntário em nossos Encontros de Jovens.

ADELAIDE (viúva)	GUAPIRA
AILTON & ANGELA	VILA SABRINA
ALESSANDRO & SANDRA	GUAPIRA
ALONSO & ROSANA	VILA CONSTANÇA
ANDRÉ & LOURDES	PARQUE NOVO MUNDO
ANIBAL & VIVIANE	JD. DANFER
ARELINO & BEATRIZ	VILA MEDEIROS
BENE & CLEIDE	ARTUR ALVIM
BETO & CRIS	LIMÃO
CABRAL & HELOISA	SANTA TEREZINHA
CARLOS & BIA	VILA MEDEIROS
CARLOS & DEISE	JD. SÃO PAULO
CARLOS & SONIA	VILA MEDEIROS
CARLOS H. & M. ROSÁRIO	PARQUE CECAP
CHICO & FILINHA	VILA MEDEIROS
CIDA (solteira)	JD. 3 MARIAS
CIDA (viúva)	JD. DANFER
CLAUDIO & ELIANE	SANTO AMARO
COTINHO & FLAVIA	LIMÃO
DEDÉ & ANA	J.B.C./PQ. SAVOY
DIMAS & CLEUSA	PIRAPORINHA
DONIZETI & ALZIRA	D.J. PONTE RASA
DORIVAL & HAIDÊ	MANDAQUI
EDMILSON E MARCIA	HORTO

EDSON & CLEUSA	PIRAPORINHA
EDUARDO & JANE	IMIRIM
EDUARDO & LUCIANA	SANTA TEREZINHA
EDUARDO & MAGALI (Lili)	PARQUE NOVO MUNDO
EDUARDO & WILMA	CASA VERDE
EMILIO & M. DO CARMO	JD. DANFER
EURIPEDES & MARIA	PIRAPORINHA
EVA (viúva)	JD. DANFER
FLAVIO & LINA	SANTO ANDRÉ
FRANCISCO & ELCIA	JD. SÃO PAULO
FRANCISCO & LURDES	BOM JESUS PERDÕES
FRED & MERCEDES	SANTANA
GENILSON & MARIA	JD. DANFER
GERALDO & MARIA	JD. DANFER
GILBERTO & CLAUDETE	VILA MEDEIROS
GILSON & ROSANGELA	VILA GUSTAVO
GOMES & LOURDES	PARQUE NOVO MUNDO
ISAÍAS & ISABEL	PARQUE NOVO MUNDO
ÍTALO & SUELI	SANTA TEREZINHA
IVO & ROSÂNGELA	PARQUE NOVO MUNDO
J. BATISTA & MARIA	VILA SABRINA
JAIRO & NEIDE	VILA SABRINA
JOABI & SILVIA	VILA CARRÃO
JOÃO & CIDA	JD. SÃO PAULO
JOÃO & MARIA	JAÇANÃ
JOÃO ABRAÃO & ZULEIKA	SANTA TEREZINHA
JORGE & VALSA	ALIANÇA
JOSÉ & ISABEL	ARTUR ALVIM
JOSÉ & NALVA	J.B.C./PQ. SAVOY
LUIZ & LURDES	SÃO MATEUS
MAGRÃO & VANIA	SANTO ANDRÉ
MARCOS & ROSE	VILA MEDEIROS
MARIO & SALETE	SANTANA
MOISÉS & HELENA	JD. 3 MARIAS
MOISÉS & LURDINHA	JD. DANFER
NASCIMENTO & CIDA	VILA CALIFÓRNIA
NEGÃO & NEGUINHA	PIRAPORINHA
NEGUINHO & MAZÉ	PIRAPORINHA
NELIO & CIDA	CASA VERDE

NELSON & CIDA	JD. SÃO PAULO
NELSON & CINTIA	ATIBAIA
NILDES & NADIR	PIRAPORINHA
NILTON & NEIDE	SANTA TEREZINHA
ODAIR & CRISTINA	GUARULHOS/S. PEDRO
OMERO & CIDA	TREMEMBÉ
ORLANDO & IZILDA	PARQUE NOVO MUNDO
OSNI & IONE	PARQUE CECAP
OSWALDO & IVONE	J.B.C./PQ. SAVOY
OTACYR & GABI	SANTA TEREZINHA
PANCRÁSIO & ILDA	JD. SÃO PAULO
PARDAL & ANDREA	PARQUE NOVO MUNDO
PAULO & SONIA	PARQUE NOVO MUNDO
PERI & ROSE	GUAPIRA
RÉGIS & VANUSA	CASA VERDE
RICARDO & SHEILA	JD. SÃO PAULO
ROBERTO & MERCIA	PARQUE NOVO MUNDO
ROBERTO & ZEL	VILA GUSTAVO
RODOLFO & LELIA	GUAPIRA
ROGÉRIO & LIZA	JAÇANÃ
SAMUEL & TEREZA	GUARULHOS/S. PEDRO
SIDNEY & NI	GUAPIRA

Carmita e Vicente
"Liderança maior do
EJC do Jd. Danfer."

SILVIO & ANA	PIRAPORINHA
SILVIO & JANETE	TREMEMBÉ
TOCA & LURDINHA	JD. SÃO PAULO
TONINHO & ZÉLIA	JD. DANFER
TUTA & MARIA JOSÉ	V. GUSTAVO
ULISSES & SI	GUAPIRA
VAL & CLEIDE	PARQUE NOVO MUNDO
VALDIR & LIZETE	GUAPIRA
VALENTIM & NANÁ	VILA SABRINA
VICENTE & M. DO CARMO	ITAQUERA
VICENTE & CARMITA	JD. DANFER
VIRGILIO & CARMELINA	SUZANO
WILLIAN & ZIRLENE	MANDAQUI
WILSON & BETI	ITAPECERICA
ZÉ & ROSE	PIRAPORINHA
ZÉ MOACIR & TONINHA	PIRAPORINHA
ZÉ ROBERTO & WANDA	SANTA TEREZINHA
ZITO & MERCIA	VILA EDE

Sala da Coragem

Vamos identificar, nesta sala, padres, palestrantes, dirigentes, entre outros, que tiveram a coragem de assumir esse encontro em seu setor e que continuam com a mesma coragem na manutenção desse ideal.

(TIA) IA	PALESTRA/PIRAPORINHA
ADEMIR & IZILDINHA	SETOR VILA MEDEIROS
ADRIANA	PALESTRA PATRIARCA
ADRIANINHA	EQUIPE/PARQUE CECAP
AGNALDO	DIRIGENTE/V.TALARICO
ALESSANDRO & SANDRA	DIRIGENTE/GUAPIRA
ALEXANDRE (XAN)	EQUIPE/PARQUE CECAP
ALOISIO & IARA	DIRIGENTE/JD. DANFER
ANDRADE & ROSELI	SETOR VILA MEDEIROS
ANDRÉ	DIRIGENTE/JD. 3 MARIAS

ARACY	DIRIGENTE/JAÇANÃ
ARNALDO I	PALESTRA/SBT
ARNALDO II	PALESTRA/V. ESPERANÇA
ARNALDO & ZILDA	PALESTRA/PIRAPORINHA
AURORA	DIRIGENTE/V. DIONÍSIA
BELO & CECI	SETOR VILA MEDEIROS
BENÊ	PALESTRA/S. TEREZINHA
BETI & VITOR	DIRIGENTE/JD. DANFER
BISPO D. LUIZ GONZAGA	
BERGONZINI	GUARULHOS
CABRAL & HELOÍSA	SANTA TEREZINHA
CACALO	DIRIGENTE/MANDAQUI
CARLA	PALESTRANTE/JD. DANFER
CARLINHOS	PALESTRA/SANTA INÊS
CARLOS & CARLA	DIRIGENTE/PIRAPORINHA
CARLOS & DALVA	PALESTRA/V. MEDEIROS
CARLOS & MARCIA	DIRIGENTE/JD. DANFER
CARLOS & NINA	SETOR VILA MEDEIROS
CARLOS & SONIA	SETOR VILA MEDEIROS
CELIA	DIRIGENTE/JD. DANFER
CHICO	PALESTRA/SANTANA
CHICO & FILINHA	SETOR VILA MEDEIROS
CHICO & SANDRA	EQUIPE/PQ. NOVO MUNDO
CIDA	DIRIGENTE/PQ. NOVO MUNDO
CIDO & ADRI	SETOR VILA MEDEIROS
CLAUDIO	PALESTRA/AEROPORTO
CLESIO & BETI	SETOR VILA MEDEIROS
CRIS & CRIS	DIRIGENTE/JD. DANFER
CRISTIANO	DIRIGENTE/JD. 3 MARIAS
DAMARIS	DIRIGENTE/VILA RICA
DENILSON & CLEUSA	DIRIGENTE/PIRAPORINHA
DENILSON & DALVA	EQUIPE/PQ. NOVO MUNDO
DIOGENES	DIRIGENTE/V. ESPERANÇA
DORIVAL & ANINHA	DIRIGENTE/JD. DANFER
EDILSON	EQUIPE/PARQUE CECAP
EDILSON	PALESTRA/GUARULHOS
EDMILSON & MARCIA	DIRIGENTE/HORTO
EDUARDO & WILMA	DIRIGENTE/CASA VERDE
EDUARDO & JACIRA	MANDAQUI

ELDER	PALESTRA/DIV. SALVADOR
ELI & DORA	DIRIGENTE/GUAPIRA
ELPIDES & MARIA	DIRIGENTE/PIRAPORINHA
EMERSON	DIRIGENTE/PQ. CECAP
ERCY AYALA	PALESTRA/RÁDIO
FABIANO	PALESTRA/PQ. CECAP
FICO	PALESTRA/GUARULHOS
FRED & GISELDA	SETOR VILA MEDEIROS
FRED & MERCEDEZ	PALESTRA/SANTANA
FREI MACIEL	PARÓQUIA/STA. RITA/ PQ. NOVO MUNDO
FREI REGINALDO	PARÓQUIA/STA. RITA/ PQ. NOVO MUNDO
GALLO	PALESTRA/MANDAQUI
GERALDO & MARIA	DIRIGENTE/JD. DANFER
GERSON & VALERIA	DIRIGENTE/JD. DANFER
GILSON & ROSELI	DIRIGENTE/PONTE RASA
GREICE	PALESTRA/SÃO MATEUS
GUINOMO & ROSANA	SETOR/VILA MEDEIROS

Junior — Palestrante
"Exemplo de filho a serviço da juventude."

HEMERSON	PALESTRA/PQ. CECAP
HEMERSON (JAGUNÇO)	EQUIPE/PQ. CECAP
J. LUIZ & MARGARETTI	EQUIPE/S. SACRAMENTO/ PARAÍSO
J. ANTÔNIO & CIDA	EQUIPE/S. SACRAMENTO/ PARAÍSO
JABIO	DIRIGENTE/SAPOPEMBA
JAMIL & TEREZINHA	SANTA TEREZINHA
JANILSON & MARIA	DIRIGENTE/JD. DANFER
JESUS	DIRIGENTE/C.D.
JOÃO CARLOS	DIRIGENTE/DJ. S. ROQUE
JOEL	DIRIGENTE/GUARULHOS
JORGE & EMILIA	EQUIPE/PQ. NOVO MUNDO
JORGE & VALSA	DIRIGENTE/ALIANÇA
JORGE & VERA	DIRIGENTE/GUAPIRA
LAÉRCIO	PALESTRANTE/PQ. SAVOY
LAURINDO & SUELI	PALESTRA/ARTUR ALVIM
LIGIA	DIRIGENTE/SÃO MATEUS
LONGUY	PALESTRA/PIRITUBA
LOURIVAL	DIRIGENTE/PONTE RASA
LUIZ	PALESTRANTE/LAPA
MARCÃO	DIRIGENTE/SAPOPEMBA
MARCELO	DIRIGENTE/JD. 3 MARIAS
MARCOS & ROSE	SETOR/VILA MEDEIROS
MARIA ROSÁRIO	EQUIPE/PARQUE CECAP

Nelson V. Medeiros "Responsabilidade entre os dirigentes do setor."

MARINHO & ÍRIS	SETOR/VILA MEDEIROS
MAURI	PALESTRA/JD. DANFER
MAURÍCIO & TÂNIA	DIRIGENTE/JD. SÃO BENTO
MAZINHO	PALESTRA/PIRAPORINHA
NANDINHO	DIRIGENTE/JD. DANFER
NATANAEL	PALESTRA/MANDAQUI
NELIO & CIDA	PALESTRA/CASA VERDE
NELSON & ROSÂNGELA	SETOR VILA MEDEIROS
NILTON & NEIDE	SANTA TEREZINHA
NORBERT & MARIA	EQUIPE/PQ. NOVO MUNDO
ODAIR & CRISTINA	DIRIGENTE/GUARULHOS
OSMAR & SANDRA	DIRIGENTE/GUAPIRA
OSWALDO & IVONE	PALESTRA/PQ. SAVOY
PADOCA	PALESTRANTE/PQ. SAVOY
PADRE ADEODATO	PARÓQUIA STA. RITA/ PQ. NOVO MUNDO
PADRE ANDERSON	PARÓQUIA SANTA TEREZINHA
PADRE ANTONIO	PARÓQUIA S. ONOFRE/ JD. DANFER
PADRE CARLÃO	PONTE RASA
PADRE CONSTANTINO	PARÓQUIA/STA. RITA/ PQ. NOVO MUNDO
PADRE DAVI	NOSSA SENHORA CANDELÁRIA/S.CAETANO
PADRE EDVALDO	PARÓQUIA/ STO. SACRAMENTO/PARAÍSO
PADRE FURTADO	PARÓQUIA SANTA TEREZINHA
PADRE GERALDO	STA. TEREZINHA/GUAPIRA
PADRE GINO	NOSSA SENHORA CANDELÁRIA/S. CAETANO
PADRE GUILHERME	SÃO JOSÉ/MANDAQUI
PADRE JAIR C. MÁXIMO	BOM JESUS/PIRAPORINHA
PADRE JAMEL	NSA. DE FÁTIMA/ FRANCO DA ROCHA
PADRE JOÃOZINHO	PARÓQUIA/ STO. SACRAMENTO/PARAÍSO
PADRE JOSÉ ARNALDO	SETOR VILA MEDEIROS
PADRE JOSÉ CARLOS	SÃO ROQUE/PQ. CECAP/ GUARULHOS

PADRE LÚCIO	PARÓQUIA S. ONOFRE/JD. DANFER
PADRE LUIZ G. GALDINO	PARÓQUIA SANTA LUZIA/VILA CISPER
PADRE MAURO	PARÓQUIA SANTA TEREZINHA
PADRE MORELLI	N. SRA. APARECIDA/ JD. 3 MARIAS
PADRE PAULO AFONSO	S. ROQUE/PQ. CECAP/ GUARULHOS
PADRE PEDRO PAULO DE JESUS	GUARULHOS
PADRE REINALDO	SETOR VILA MEDEIROS
PADRE VICTOR FERNANDES	PARÓQUIA STA. TRINDADE/ C. VERDE
PATRÍCIA	DIRIGENTE/PQ. NOVO MUNDO
PAULA	DIRIGENTE/V. ESPERANÇA
PAULO & JANE	PALESTRANTES/PQ. SAVOY
PEDRINHO	DIRIGENTE/V. ESPERANÇA
RAFAEL	PALESTRA/GUARULHOS
RAI & ELVIRA	SANTA TEREZINHA
RAMOS	PALESTRA/PQ. CECAP
RANDAL	DIRIGENTE/PONTE RASA
RATÃO(BASÍLIO)	PALESTRA/CACHOEIRA
RÉGIS & VANUSA	DIRIGENTE/CASA VERDE
RICARDO	PALESTRA/GUARULHOS
RICARDO & BELA	EQUIPE/ STO. SACRAMENTO/PARAÍSO
RICARDO & SHEILA	DIRIGENTE/J. S. PAULO
ROGÉRIO	DIRIGENTE/JD. 3 MARIAS
ROGÉRIO	PALESTRA/PIRAPORINHA
ROGÉRIO & LISA	PALESTRA/MANDAQUI
RONALDO	PALESTRA/STO. ANTÔNIO/ LIMÃO
SANDRO	EQUIPE/PARQUE CECAP
SAVIO	EQUIPE/PARQUE CECAP
SERGIO & ROSANGELA	DIRIGENTE/JD. DANFER
SIDNEI & GICELIA	DIRIGENTE/JD. DANFER
SILVERIO & FÁTIMA	SETOR VILA MEDEIROS

SILVIO & ANA LÚCIA	DIRIGENTE/PIRAPORINHA
SORAIA	PALESTRANTE/JD. DANFER
SUELI BULDORINI	DIRIGENTE/GUARULHOS
TAÍS	EQUIPE/PARQUE CECAP
TEREZA	DIRIGENTE/GUARULHOS
TONINHO & GERALDINA	DIRIGENTE/JD. DANFER
TONINHO & SILVIA	SETOR VILA MEDEIROS
VAL & ROSELI	SETOR VILA MEDEIROS
VALENTIM & NANA	PALESTRA/V. SABRINA
VICENTE & CARMITA	PALESTRA/JD. DANFER
VICK	DIRIGENTE/STA. INÊS
WALTER & ANÉSIA	EQUIPE/STO. SACRAMENTO/ PARAÍSO
WESLEY	DIRIGENTE/BELO RAMO
WILLIAN	PALESTRANTE/PQ. SAVOY
WILLIAN & ZIRLENE	PALESTRA/STA. TEREZINHA
WILTON & VERA REGINA	EQUIPE/STO. SACRAMENTO/ PARAÍSO
ZÉ CARLOS & BALBINA	SANTA TEREZINHA
ZÉ MOACIR & TONINHA	DIRIGENTE/PIRAPORINHA
ZÉ ROBERTO	PALESTRA/CASA VERDE
ZITO & IONE	SETOR VILA MEDEIROS
ZITO & MERCIA	PALESTRA/VILA EDE

Sala da Alegria

Ao abrir esta porta, vamos encontrar o registro dos nomes das pessoas que fazem a animação dos encontros. Casais, jovens, que levam por meio da música, do teatro, entre outras coisas, as mensagens de paz e união.

ALECS	VIOLÃO/VOCAL/GUARULHOS
ALEX	VIOLÃO/VOCAL/SANTA TEREZINHA
ALEXANDRE	VIOLÃO/BOM JESUS PIRAPORINHA
ANA M.P. OLIVEIRA	VIOLÃO/BOM JESUS PIRAPORINHA

ANDERSON	ANIMAÇÃO/S.ONOFRE/JD. DANFER
ANDRÉ	ANIMAÇÃO/S.ONOFRE/JD. DANFER
ANDRÉ NEGÃO	PARÓQUIA N. SENHORA APARECIDA/JD. 3 MARIAS
ANDREIA	ANIMAÇÃO/S. ONOFRE/JD. DANFER
ANTONIO	TEATRO/J. B. C./PQ. SAVOY
ARNALDO	TEATRO/J. B. C./PQ. SAVOY
BIEL	VIOLÃO/VOCAL/GUARULHOS/ S. PEDRO
CARLA	ANIMAÇÃO/S. ONOFRE/JD. DANFER
CARLINHOS	VIOLÃO/JARDIM SÃO PAULO
CHACRINHA	ANIMAÇÃO/S. ONOFRE/JD. DANFER
CHICO DA TIMBA	ANIMAÇÃO/JD. SÃO PAULO (palestra)
CHIQUINHA	VIOLÃO/J. B. C./PQ. SAVOY
CHIQUINHO	ANIMAÇÃO/S. ONOFRE/JD. DANFER
COXINHA	ANIMAÇÃO/S. ROQUE/PQ. CECAP/ GUA
CRISTIAN	VIOLÃO/GUARULHOS/S. PEDRO
CRISTIANE	ANIMAÇÃO/S. ONOFRE/JD. DANFER
DAIANA	ANIMAÇÃO/S. ONOFRE/JD. DANFER
DANIEL	ANIMAÇÃO/SANTA TEREZINHA
DANIELA	ANIMAÇÃO/SANTA TEREZINHA
DANIELA II	ANIMAÇÃO/SANTA TEREZINHA
DÊNIS	ANIMAÇÃO/SANTA TEREZINHA
DIDO	ANIMAÇÃO/S. ROQUE/PQ. CECAP/ GUA
DIGÃO	ANIMAÇÃO/S. ROQUE/PQ. CECAP/ GUA
DINHO	ANIMAÇÃO/SETOR VILA MEDEIROS
EDU (DO JORNAL)	ANIMAÇÃO/S. ONOFRE/JD. DANFER
EDUARDO	VIOLÃO/VILA GUSTAVO
EDUARDO (EDU)	ORASOM/STA.TRINDADE/C.VERDE
EDUARDO L. ANDRADE	VIOLÃO/GUARULHOS/S. PEDRO
FABIO	ANIMAÇÃO/S. ONOFRE/JD. DANFER
FELIPE	VIOLÃO/SANTA TEREZINHA
FERNANDA	ANIMAÇÃO/SANTA TEREZINHA
HEMERSINHO	ANIMAÇÃO/S. ROQUE/PQ. CECAP/ GUA

IRMÃOS BIZELLI	VIOLÃO/STA. TEREZINHA/GUAPIRA
IRMÃOS: LEANDRO E SANDRO	J. B. C./PQ. SAVOY
IVANILDO	VOCAL/SÃO MATEUS
JEFFERSON	ANIMAÇÃO/S. ROQUE/PQ. CECAP/GUA
JEOVÁ	ANIMAÇÃO/SETOR VILA MEDEIROS
JÉSSICA	ANIMAÇÃO/S. ONOFRE/JD. DANFER
JESUS	VIOLÃO/VOCAL/ARICANDUVA
JULIANA	ANIMAÇÃO/S. ONOFRE/JD. DANFER
LOIRÃO	ANIMAÇÃO/S. ONOFRE/JD. DANFER
LUANA	ANIMAÇÃO/S. ONOFRE/JD. DANFER
LUDINHO	VIOLÃO/SETOR VILA MEDEIROS
MARCIA	ANIMAÇÃO/S. ONOFRE/JD. DANFER
MAURÍCIO (SORRISO)	ANIMAÇÃO/SANTA TRINDADE/ C. VERDE
MORENÃO	ANIMAÇÃO/S. ONOFRE/JD. DANFER
NILTON	ANIMAÇÃO/S. ONOFRE/JD. DANFER
PATRÍCIA	ANIMAÇÃO/SANTA TEREZINHA
PIU	VIOLÃO/VOCAL/VILA MEDEIROS
PULGUINHA	VIOLÃO/SETOR VILA MEDEIROS
RICARDINHO	VIOLÃO/SETOR VILA MEDEIROS
ROBSINHO	ANIMAÇÃO/S. ONOFRE/JD. DANFER
RODINEI	VIOLÃO/VOCAL/JD. SÃO PAULO
ROGÉRIO	VIOLÃO/BOM JESUS PIRAPORINHA
RUSSO	TEATRO/SANTA TEREZINHA

Piu
"Meu amigo e companheiro de violão ao lado da noiva Renata."

SANDRO	ANIMAÇÃO/S. ROQUE/PQ. CECAP/ GUA
SERGIO	ANIMAÇÃO/S. ONOFRE/JD. DANFER
SUZI	ANIMAÇÃO/S. ONOFRE/JD. DANFER
TATIANA	ANIMAÇÃO/SANTA TEREZINHA
TONI	VIOLÃO/VOCAL/PQ. NOVO MUNDO
TOQUINHO	ANIMAÇÃO/S. ONOFRE/JD. DANFER
TUBA	VIOLÃO/SETOR VILA MEDEIROS
VALÉRIA	VIOLÃO/BOM JESUS PIRAPORINHA
VANINA	ANIMAÇÃO/S. ONOFRE/JD. DANFER
VERÔNICA	ANIMAÇÃO/S. ROQUE/PQ. CECAP/ GUA
VIOLA	VOCAL/VILA RÉ
WILBOR	ANIMAÇÃO/SETOR VILA MEDEIROS
WILLIAN	ANIMAÇÃO/S. ONOFRE/JD. DANFER
WILTON	TEATRO/SANTA TEREZINHA
XUXINHA	VIOLÃO/SANTA TEREZINHA

Sala das Lembranças

Os nomes registrados nesta sala são daqueles que um dia puderam participar desse encontro, marcando com sua presença inesquecível a todos nós. Mas, por força maior, tiveram que se afastar, deixando também um vazio em nossos corações.

ADRIANO & ROSELAINE	EQUIPE/ PQ. CECAP
ALESSANDRO	EQUIPE/PQ. CECAP
ALEXANDRE	DIRIGENTE/STA. GEMA
ANA	EQUIPE/STA. TEREZINHA
ANDERSON & ALESSANDRA	EQUIPE/PIRAPORINHA
ANDREI	EQUIPE/STA. TEREZINHA
ANDREIA	EQUIPE/JD. DANFER
ANDREINHA	DIRIGENTE/S. MATEUS

ANSELMO & CARLA	DIRIGENTE/JD. SÃO PAULO
ARMANDO & ERMÍNIA	DIRIGENTE/GUAPIRA
BATATINHA (SANDRA)	EQUIPE/MANDAQUI
BINHO	EQUIPE/PQ. CECAP
CARLINHOS	PALESTRA/MANDAQUI
CARLOS	DIRIGENTE/JARAGUÁ
CARLOS & MARCIA	DIRIGENTE/JD. DANFER
CARLOS & MARIZA	EQUIPE/PIRAPORINHA
CHARLES	EQUIPE/JD. CHARLES
CHOCOLATE	EQUIPE/PQ. NOVO MUNDO
CLESIO & BETI	EQUIPE/VILA MEDEIROS
DANIEL	DIRIGENTE/GUARULHOS
DARLENE	DIRIGENTE/PERDÕES
DENISE	DIRIGENTE/PQ. NOVO MUNDO
DORIVAL & AYDÊ	DIRIGENTE/MANDAQUI
ELIANA	DIRIGENTE/JARAGUÁ
ELPÍDIO	DIRIGENTE/STA. TEREZINHA
ERIKA	EQUIPE/GUARULHOS
ERNANI	DIRIGENTE/VILA MARIANA
FÁTIMA	EQUIPE/JD. 3 MARIAS
FLÁVIO	EQUIPE/GUARULHOS
GABRIEL	DIRIGENTE/POMPÉIA
GALLO	PALESTRA/MANDAQUI
GASTÃO & IRACEMA	DIRIGENTE/BRÁS
GERALDO CELESTINO	EQUIPE/GUARULHOS
GLICÉRIO	DIRIGENTE/PERDÕES
HAMILTON & CLAUDIA	DIRIGENTE/JD. DANFER
HELBERTI	EQUIPE/CASA VERDE
HELIO	DIRIGENTE/JD. PERY
HELIO & EDNA	DIRIGENTE/VILA GUSTAVO
ISABEL	DIRIGENTE/JD. DANFER
JAIR	DIRIGENTE/JARAGUÁ
JAIR	DIRIGENTE/SAPOPEMBA
JAIRÉ & NEUZA	DIRIGENTE/GUAPIRA
JOÃO ABRAÃO	DIRIGENTE/JD. SÃO PAULO
JOÃO CARLOS	DIRIGENTE/JARAGUÁ
JORGE & CALEIDE	DIRIGENTE/JD. DANFER
JORGE & CARMEN	EQUIPE/PQ. CECAP
JOSÉ RICARDO	EQUIPE/GUARULHOS

JURA & RITA	DIRIGENTE/J. B. C./PQ. SAVOY
KÁTIA	EQUIPE/PQ. CECAP
LAUDICÉIA	EQUIPE/JD. DANFER
LILIANE	DIRIGENTE/GUAR.S.GER.
LONGY	PALESTRANTE/PIRITUBA
LUCIENE	DIRIGENTE/JD. DANFER
MÔNICA	EQUIPE/JD. DANFER
NARCISO	EQUIPE/PQ. NOVO MUNDO
NATANAEL & WILMA	DIRIGENTE/MANDAQUI
NELSON & DINHA	DIRIGENTE/VILA NIVI
NILTON	DIRIGENTE/MAUÁ
OSMARILDO	DIRIGENTE/PERDÕES
PAULO & ANGELA	DIRIGENTE/STA. TEREZINHA
PRISCILA	EQUIPE/GUARULHOS
RUBENS	DIRIGENTE/V. SABRINA
SALIM	DIRIGENTE/V. ESPERANÇA
SILVIO	DIRIGENTE/TREMEMBÉ
TEREZINHA	DIRIGENTE/STA. TEREZINHA
VALÉRIA	EQUIPE/GUARULHOS
VICK	DIRIGENTE/STA. INÊS
VIVIANE NORONHA	DIRIGENTE/GUARULHOS
WAGNER & ZULEIKA	DIRIGENTE/STA. TEREZINHA
WILL	EQUIPE/JD. DANFER
XUXA	DIRIGENTE/JARAGUÁ
ZÉ ROBERTO	PALESTRANTE/CASA VERDE

Sala da Caridade

Existem pessoas que, com muita sensibilidade, percebem a importância desse Encontro na vida dos jovens e seus familiares e procuram ajudar mesmo em segredo, com doações diversas. Nesta sala, vamos reverenciar e agradecer a esse gesto de caridade, que sem sombra de dúvidas manteve as portas abertas por mais tempo à juventude local.

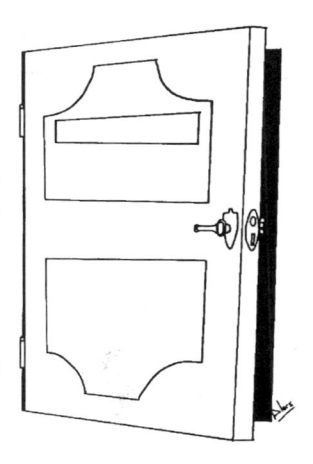

ALE & SANDRA	DIRIGENTES/GUAPIRA
ANDRÉ (PICA-PAU)	EQUIPE/JD. DANFER
ANTENOR & M. HELENA	DIRIGENTES/JD. DANFER
ANTONIO & IMACULADA	PARQUE CECAP/GUARULHOS
ARILTON & JUSSARA	DIRIGENTES/JD. SÃO PAULO
CACILDA	DIRIGENTE DO MARANATA
CAMPOS MACHADO	APOIO/SÃO PAULO
CELSO	SACOLÃO/JD. 3 MARIAS
CELSO MONTEIRO	RÁDIO ESTAÇÃO/FRANCO DA ROCHA
COLÉGIO SALESIANOS	SANTA TEREZINHA
DAMIÃO & ADEMIS	SETOR VILA MEDEIROS
DANIEL	JAÇANÃ (EQUIPE 2.000)
DÍLIA	EQUIPE GUARULHOS
DOMINGOS	DEJAD/JD. 3 MARIAS
EDIR SALES	APOIO/J. B. C./PQ. SAVOY
FLAVIO	JD. DANFER
GAGUINHO	APOIO/PQ. NOVO MUNDO
IVA	E. E. ELÍSIO/PQ. CECAP
JÉSSIO & VALÉRIA	DIRIGENTES/JD. DANFER
JOÃO & CIDA	DIRIGENTES/JD. SÃO PAULO
JOÃO & MARIA	DIRIGENTES/JAÇANÃ
JOSÉ & EMÍLIA	DIRIGENTES/JD. DANFER
JOSÉ & LÍDIA	DIRIGENTES/GUAPIRA
JOSÉ & NELCINA	EQUIPE/JD. DANFER
JULIO CALEGARI	DIRIGENTE/FRCO. DA ROCHA
JUNIOR & SILVIA	DIRIGENTES/JD. SÃO PAULO
JURA & SILVIA	DIRIGENTES/GUAPIRA
LEIA	ESCOLA PECCIOLI/PQ. CECAP
MAGAZINE	DIRIGENTE/PIRAPORINHA
MAURÍLIO & ALAÍDES	DIRIGENTES/J. B. C./PQ. SAVOY
MOISÉS & LURDINHA	DIRIGENTES/JD. DANFER
NILMA	E. FRANCISCO ANTUNES/CECAP
NILVA	E. FRANCISCO ANTUNES/CECAP
PROF. LUIZ	DIRETOR E. E. S. G./JD. DANFER
SAMIR & ELIZA	EQUIPE/GUARULHOS
SERGIO/ROSÂNGELA	DIRIGENTES/JD. DANFER

SUPERMERCADO
BERGAMINI
SUPERMERCADO
PASTORINHO
TONINHO & MADALENA
TONINHO MAGALHÃES
VICENTINO
VIRGÍLIO & FÁTIMA

SANTA TEREZINHA
EQUIPE/JD. SÃO PAULO
COLABORADOR/CECAP
SVC PRODUÇÕES
SETOR VILA MEDEIROS

Sala da Galera

A sala das pessoas que podem não saber tocar um violão ou fazer um arroz, mas são imprescindíveis para que o Encontro seja sempre um sucesso.

ADAILTON	EQUIPE/ VILA GUSTAVO
ADILSON	EQUIPE/PQ. NOVO MUNDO
ADRIANINHA	EQUIPE/SÃO ROQUE/ PQ. CECAP
AGNALDO	EQUIPE/VILA TALARICO
AIRTON	EQUIPE/SUZANO
ALAÍDE	EQUIPE/PQ. NOVO MUNDO
ALEX	EQUIPE/SANTA TEREZINHA
ALEX (CACHORRÃO)	EQUIPE/STA. TRINDADE/ C. VERDE
ALEX RASTINI	EQUIPE/B. JESUS PIRAPORINHA
ALEXANDER (XÚ)	EQUIPE/PQ. NOVO MUNDO
ALINE ROSA	EQUIPE/B. JESUS PIRAPORINHA
ÁLVARO	EQUIPE/JD. SÃO PAULO
ANA	EQUIPE/SANTA TEREZINHA
ANA & VÉIO	EQUIPE/STA. TRINDADE/ C. VERDE

ANA LÚCIA	EQUIPE/SANTO AMARO
ANA ROSA	EQUIPE/GUAR. S. GERALDO
ANDREA	EQUIPE/S. MATEUS
ANDREIA	EQUIPE/B. JESUS PIRAPORINHA
ANDREIA	EQUIPE/JD. SANTA MARIA
ANINHA	EQUIPE/SANTA TEREZINHA
ARNALDINHO	EQUIPE/SANTA TEREZINHA
BANANA	EQUIPE/STA. TRINDADE/ C. VERDE
BIANCA	EQUIPE/SANTA TEREZINHA/ GUAPIRA
BIEL	EQUIPE/GUARULHOS/ S. PEDRO
BRASINHA	EQUIPE/JD. SÃO PAULO
CACALO	EQUIPE/VILA DIONÍSIA
CAMILA	EQUIPE/SETOR VILA MEDEIROS
CARLA	EQUIPE/GUARULHOS
CARLOS & DEISE	EQUIPE/JD. SÃO PAULO
CASSIOS	EQUIPE/STA. TRINDADE/ C. VERDE
CATARINA	EQUIPE GUARULHOS/S.PEDRO
CIDÃO	EQUIPE/JARAGUÁ
CLAUDIÃO	EQUIPE/STA. TRINDADE/ C. VERDE
CLESIO	EQUIPE/VILA MEDEIROS
CRISTIAN	EQUIPE/SANTA TEREZINHA
DALVA	EQUIPE/GUARULHOS
DALVA	EQUIPE/PQ. NOVO MUNDO
DANIEL NARRAS	EQUIPE GUARULHOS/S. PEDRO
DANIELE (MACARRÃO)	EQUIPE/SANTA TEREZINHA/ GUAPIRA
DANILO	EQUIPE/JD. SÃO PAULO
DÃO	EQUIPE/STA. TRINDADE/ C. VERDE
DEBORAH	EQUIPE/VILA MATILDE
DEL & JÔ	EQUIPE/B. JESUS PIRAPORINHA
DÊNIS	EQUIPE/SANTA TEREZINHA

DENISE	EQUIPE/S. ROQUE/CECAP
DIOGO	EQUIPE/STA. TRINDADE/ C. VERDE
DIRCEU	EQUIPE/JD. SANTA MARIA
DORIVAL	EQUIPE/MORUMBI
DOUGLAS	EQUIPE/PQ. NOVO MUNDO
DURVAL	EQUIPE/VILA ESPERANÇA
EDILSON	EQUIPE/S. ROQUE/CECAP
EDMARA	EQUIPE/GUARULHOS/ S. GERALDO
EDÚ	EQUIPE/SETOR VILA MEDEIROS
EDUARDO	EQUIPE/J. B. C./PQ. SAVOY
EDUARDO	EQUIPE/JD. SÃO PAULO
EDUARDO	EQUIPE/PQ. NOVO MUNDO
EDUARDO	EQUIPE/SÃO MATEUS
EDUARDO VIOLA	EQUIPE/JD. 3 MARIAS
ELAINE	EQUIPE/CAMPO LIMPO
ELAINE	EQUIPE/SÃO MATEUS
ELISA	EQUIPE/SÃO MATEUS
ELISÂNGELA	EQUIPE/STA. TRINDADE/ C. VERDE
ELOISA	EQUIPE/LIMOEIRO
ELOISA	EQUIPE/PONTE RASA
ET	EQUIPE/SANTA TEREZINHA
FABIO	EQUIPE/VILA TALARICO
FANI	EQUIPE/STA. TRINDADE/ C. VERDE
GLAUCIO	EQUIPE/STA. TRINDADE/ C. VERDE
GORDINHO	EQUIPE/SETOR VILA MEDEIROS
GRACINHA	EQUIPE/B. JESUS PIRAPORINHA
GUILHERME (GUIGA)	EQUIPE/GUARULHOS/ S. PEDRO
HEMERSON	EQUIPE/S. ROQUE/PQ. CECAP
INDIO	EQUIPE/SANTA TEREZINHA
ISABEL	EQUIPE/S. ONOFRE/ JD. DANFER

J. ABRAÃO/ZULEIKA	EQUIPE/JD. SÃO PAULO
JAIR & ENI	EQUIPE/S. ROQUE/PQ. CECAP
JAQUELINE	EQUIPE/PQ. NOVO MUNDO
JEOVÁ	EQUIPE/SETOR VILA MEDEIROS
JESSIO & VALÉRIA	EQUIPE/S. ONOFRE/ JD. DANFER
JOÃO PAULO	EQUIPE/S. TRINDADE/ C. VERDE
JOÃO & MARIA	EQUIPE/JD. SÃO PAULO
JOEL	EQUIPE/S. ONOFRE/ JD. DANFER
JORGE & CALEIDE	EQUIPE/S. ONOFRE/ JD. DANFER
JOSÉ LUIZ	EQUIPE/PARAÍSO
JULIANA	EQUIPE/SANTA TEREZINHA
JUNIOR	EQUIPE/S. BERNARDO
JUNIOR	EQUIPE/S. ONOFRE/ JD. DANFER
JUSSARA	EQUIPE/IMIRIM
KARINA	EQUIPE/SETOR VILA MEDEIROS
KELY	EQUIPE/J. B. C./PQ. SAVOY
KLEBER	EQUIPE/PQ. NOVO MUNDO
LÁZARO	EQUIPE/ARICANDUVA
LEÃO	EQUIPE/STA. TRINDADE/ C. VERDE
LEITINHO	EQUIPE/GUARULHOS/ S. PEDRO
LILIAN	EQUIPE/SANTA TEREZINHA/ GUAPIRA
LINDALVA	EQUIPE/B. JESUS PIRAPORINHA
LUCAS	EQUIPE/SANTA TEREZINHA/ GUAPIRA
LUCIA	EQUIPE/FREG. DO Ó
LUCIANA	EQUIPE/ARICANDUVA
LUCIANO BODORINI	EQUIPE/GUARULHOS/ S. PEDRO
LUCINHA	EQUIPE/JD. SÃO PAULO

LUPÉRCIO	EQUIPE/VILA TALARICO
MAGA	EQUIPE/STA. TRINDADE/ C. VERDE
MARCELO	EQUIPE/JD. 3 MARIAS
MARCIA	EQUIPE/FREG. DO Ó
MARCIA	EQUIPE/SUZANO
MARCIA	EQUIPE/PIRAPORINHA
MARCIO	EQUIPE/S. ONOFRE/ JD. DANFER
MÁRCIO FUMERO	EQUIPE/JD. 3 MARIAS
MARCO	EQUIPE/TUCURUVI
MARCOS	EQUIPE PONTE RASA
MARIA	EQUIPE/PIRAPORINHA
MARIANA	EQUIPE/JD. SÃO PAULO
MARINO	EQUIPE/VILA CARRÃO
MATIAS	EQUIPE/CID. PATRIARCA
MATILDE	EQUIPE/B. JESUS PIRAPORINHA
MAURICIO	EQUIPE/S. TRINDADE/ C. VERDE
MAZÉ	EQUIPE/B. JESUS PIRAPORINHA
MICHELE	EQUIPE/VILA OLÍMPIA
MIRIAN	EQUIPE/SANTA TEREZINHA/ GUAPIRA
NEIVA	EQUIPE/PQ. NOVO MUNDO
NELSON	EQUIPE/VILA SABRINA
NICOLA	EQUIPE/PQ. NOVO MUNDO
ODAIR	EQUIPE/ARICANDUVA
OLAVO	EQUIPE/B. JESUS PIRAPORINHA
PIN	EQUIPE/JD. SÃO PAULO
PRIDU	EQUIPE/STA. TRINDADE/ C. VERDE
RENATA	EQUIPE/S. ONOFRE/ JD. DANFER
RENATO CUBO	EQUIPE/VILA RÉ
RICARDO (RICA)	EQUIPE/SANTA TEREZINHA/ GUAPIRA

RICK MARTIN	EQUIPE/S. ONOFRE/ JD. DANFER
RITINHA	EQUIPE/S. TRINDADE/ C. VERDE
ROBERTA	EQUIPE/JAÇANÃ
ROBERTO	EQUIPE/MOGI DAS CRUZES
ROBSON	EQUIPE/SUZANO
RODOLFO	EQUIPE/SANTA TEREZINHA/ GUAPIRA
ROSÂNGELA	EQUIPE/SETOR VILA MEDEIROS
ROSINEIDE	EQUIPE/B. JESUS PIRAPORINHA
RUI	EQUIPE/GUARULHOS/ S. PEDRO
SEBÁ	EQUIPE/SANTA TEREZINHA
SHEILA	EQUIPE/B. JESUS PIRAPORINHA
SIÇA	EQUIPE/SANTA TEREZINHA
SIDNEI	EQUIPE/TUCURUVI
SIDNEY	EQUIPE/VILA MATILDE
SILVANA	EQUIPE/SÃO MATEUS
SIMONE	EQUIPE/B. JESUS PIRAPORINHA
SIMONE	EQUIPE/STA. TRINDADE/ C. VERDE
TAÍS	EQUIPE/S. ROQUE/PQ. CECAP
TEREZINHA	EQUIPE/MORUMBI/SUL
THIAGO	EQUIPE/S. ONOFRE/ JD. DANFER
TICO & FLAVIA	EQUIPE/STA. TRINDADE/ C. VERDE
TOCA	EQUIPE/GUARULHOS/ S. PEDRO
TONINHO	EQUIPE/VILA RICA
TONINHO	EQUIPE/S. ONOFRE/ JD. DANFER
VALDECIR	EQUIPE/STA. TRINDADE/ C. VERDE
VALDIR	EQUIPE/CIDADE LÍDER

VALDIR	EQUIPE/PONTE RASA
VERÔNICA	EQUIPE/SANTA TEREZINHA
VERUSKA	EQUIPE/PQ. NOVO MUNDO
VINÍCIUS	EQUIPE/SANTA TEREZINHA/ GUAPIRA
WAGNER	EQUIPE/SAPOPEMBA
WAGNER & ROSE	EQUIPE/SETOR VILA MEDEIROS
WALTER	EQUIPE/VILA MATILDE
WILMA	EQUIPE/SANTA TEREZINHA

Sala da Tristeza

Nesta sala, colhemos diversas opiniões a respeito daquilo que, apesar de tudo, não deu certo ou que não corresponde ao perfil do movimento, na avaliação dos dirigentes, equipes de trabalho e voluntários do Encontro de Jovens com Cristo.

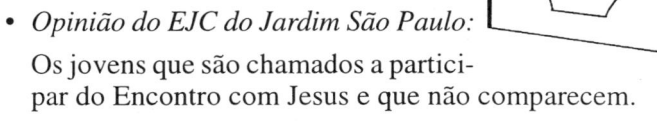

- *Opinião do EJC do Jardim São Paulo:*

    Os jovens que são chamados a participar do Encontro com Jesus e que não compareçam.

- *Opinião do EJC do Jardim Danfer:*

    Jovens atuantes do Encontro, que participam das equipes esperando um dia ser chamados a participar da equipe da sala e, depois que isso acontece, eles desaparecem ou não se dedicam a outras equipes, com a mesma vontade e entusiasmo.

- *Opinião do EJC do Jardim Três Marias:*

    Jovens que chegam a se afastar das drogas, enquanto freqüentam o grupo, mas depois que reduzem sua freqüência, voltam a usá-las.

- *Opinião do EJC do Parque Savoy:*

    Ocorre o não-reconhecimento por alguns padres do trabalho sério que é realizado com dedicação e amor das pessoas envolvidas na construção de uma vida melhor aos nossos jovens e de nossa comunidade local.

- *Opinião do EJC da Casa Verde:*
O questionamento está relacionado aos casais chamados a participar do Encontro que, nos três dias do movimento, são dedicados e depois desaparecem do trabalho para Cristo na paróquia.

- *Opinião do EJC de Piraporinha:*
A questão do cuidado que se deve ter em relação ao rumo elitizado que o Encontro no seu comportamento vem seguindo em vez do humilde e simples. Como também a distância das pessoas no convívio do dia-a-dia, diferente daquilo que se apresenta nos dias do EJC.

- *Opinião do EJC do Setor de Vila Medeiros:*
Pessoas que tomam atitudes e posturas indelicadas no Encontro para com os colegas, prevalecendo-se de sua antigüidade.

Mistério

Se
Deus
tivesse
destruído
Lúcifer,
as
criaturas
teriam
passado
a
obedecer
ao
Criador
por
temor
e
não
por
amor.

Homenagem em Família

Antes, meus avós foram de grande lição.
Ensinaram a seus filhos que o amor em tudo é a solução.
O sonho dos avós sempre foi a união
Tanto que, aos domingos, havia o almoço da confraternização.
Meu pai, Mário, virou-se com o "táxi" para ter o que comer.
Minha mãe, além da cozinha, trabalhou para sobreviver.
Mário, meu irmão, tem um bom coração.
É o mais velho dos filhos e doutor mais novo em formação.
Minha irmã, Roseli, sempre está por aqui pronta para ajudar.
Não importa quem lhe bata à porta, ela atende e diz: "Pode entrar".
Tenho seis sobrinhos e sobre cada um deles quero falar.
Você vai perceber que o tempo vai passar.
Ygor é o mais velho e xodó de seu avô.
Mas é difícil esquecer de quem comigo muitas férias passou.
Agora eu falo da Keily, que é um nome diferente.
Keily é obediente e carinhosa, mas para comer fica toda nervosa.
Minha sobrinha Karen é a número três.
Mas é só olhar para aquela loira de olhos verdes e perceber que minha irmã caprichou no que fez.
Tem também a Roberta que é nome de garota esperta.
Sem falar da Tarsila, que adora uma pescaria.
Chego ao João Vítor, o sobrinho mais danado. Eu, como padrinho desse menino, às vezes fico irritado. Mas é só olhar para aqueles olhinhos e lembrar de um passado que convicto digo a Deus: "Muito obrigado!".
Quero falar dos meus tios. E o primeiro é o tio Paulo, que, entre outras coisas, me ensinou a torcer pelo São Paulo.
Minha tia Ana é de se admirar. Pois com todos os seus problemas, ainda achou tempo para de meu avô cuidar.
Do meu tio Chicão não posso reclamar. Sempre de que dele precisei, o Grandão estava lá.
Minha tia Ivete adora uma bagunça. E aqui sem jogar confete, posso dizer que essa é "batuta".
Esta minha lista de homenagens continua.
Escrevo ainda os nomes de uma boa turma.

Como técnico vou escalar e esse grupo homenagear.
Eliane, Cássia, João Bosco, Salete, Vanessa, Adriano e Andréia. E tem mais: Alessandra, Rosemeire, Virgínia e Alberto.

O que não posso esquecer é a turminha da nova geração, que começa com Giovana, Caroline, Gabriel, Lucas e Gabriela e terminando, é claro, com Paulo Fernando, meu filhão.

Para terminar minha homenagem, escrevo para você, que não quis ser apenas e simplesmente um tio. Você quis ser herói e querido por todas essas pessoas acima citadas.

Não há um só membro dessa família que não vá se lembrar com carinho e emoção desse que foi, com certeza, um tiozão.

Esteve presente nos momentos mais difíceis de todos nós, encorajando-nos, animando e levantando o moral.

Sempre foi o primeiro a chegar e o último a se entregar.

Defendia com amor a cada um de sua família.

Chorava de alegria, chorava de emoção. Depois, angustiado, chorou abandonado.

Você foi embora e muito cedo nos deixou.

Caroline Fernanda
"Minha filha e outra razão de minha vida."

Deixou também saudade, de quem muito aprendeu com seu amor. Meu tio Ademir, querido, que em muitas palestras me acompanhou. Com muito orgulho dizia aos amigos que esse sobrinho o emocionou.

Quero dizer-lhe obrigado, porque você me mostrou que vale a pena essa vida de doação, esperando como recompensa a verdadeira paz e união.

Tio Ademir

Fim

Como eu disse, no início desta obra, a intenção era de realizar um trabalho que não fosse exaustivo. O objetivo era colocar neste livro um pouco do muito que se pode dizer sobre esse maravilhoso movimento de jovens.

Confesso que fiquei muito emocionado ao escrever algumas das histórias. Também me diverti com outras e fiquei feliz de poder me lembrar de tantas pessoas, que sabem da importância do existir desse Encontro de Jovens.

Com certeza, haverá muito mais a ser sugerido. A cada novo dia nasce a esperança de encontrar outra porta aberta para receber esse movimento. Seja onde for, a expectativa é de que aconteça um intercâmbio entre os grupos de trabalho e coordenação, em que trará experiências novas que não se encontram neste livro.

São esses intercâmbios que tenho a confiança de que valem mais do que este volume.

Quero terminar, pedindo que os leitores compreendam a intenção principal dessa realização. Escrever algo, pela primeira vez, de um movimento tão importante quanto o dos Encontros de Jovens com Cristo garanto não foi fácil.

A responsabilidade, sei, é muito grande pelo entendimento que espero que os amigos e leitores tenham sobre este livro. E serei feliz em admitir que outros poderiam escrever sobre este assunto com mais profundidade.

Se meu livro foi visto sob o ângulo de quem pretendia divulgar ainda mais a importância do Encontro em nossas vidas, principalmente sob o aspecto desse mundo atual, então estarei satisfeito e

Fim

feliz. Que tudo aqui escrito seja levado para o lado da sugestão. E foi por isso que o escrevi e não para uma solução.

Agradeço a todos que me ajudaram nesta obra. E, ao encerrar, revelo: bateu em mim uma saudade de todos aqui citados.

Jesus foi
Jesus é
Jesus será sempre o nosso caminho, o sentido de nossas vidas.

Paulinho Braga
(Tio Paulinho)

Para receber catálogos, lista de preços
e outras informações escreva para:

MADRAS®
Editora

Rua Paulo Gonçalves, 88 — Santana
02403-020 — São Paulo — SP
Tel.: (0_ _11) 6959.1127 — Fax: (0_ _11) 6959.3090
www.madras.com.br